Svegliatevi Figli Miei!

Conversazioni con
Sri Mata Amritanandamayi

Volume 5

Svegliatevi Figli Miei!

Conversazioni con
Sri Mata Amritanandamayi

Volume 5

Swami Amritaswarupananda

Mata Amritanandamayi Center, San Ramon
California, Stati Uniti

Svegliatevi Figli Miei! – **Volume 5**
di Swami Amritaswarupananda

Pubblicato da:
 Mata Amritanandamayi Center
 P.O. Box 613
 San Ramon, CA 94583
 Stati Uniti

––––––––––––––– *Awaken Children Volume 5 (Italian)* –––––––––––

Edizione riveduta: aprile 2020

In Italia:
 www.amma-italia.it
 info@amma-italia.it

In India:
 inform@amritapuri.org
 www.amritapuri.org

Questo libro è un umile omaggio ai

piedi di loto di Sri Mata Amritanandamayi

Fulgida Luce che dimora

nel cuore di tutti gli esseri

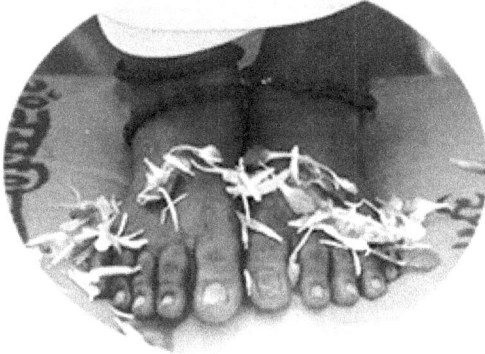

Vandebam-saccidānandam-bhāvatīvam jagatgurum
Nityam-pūrnam-nirākāram-nirgunam-svātmasamsthitam

M'inchino al Maestro dell'universo che è *Sat-Cit-Ananda* (Pura Esistenza-Coscienza-Beatitudine), Colui che trascende ogni differenza ed è eterno, completo, privo di attributi e di forma e che dimora stabilmente nel Sé.

Saptasāgaraparyantam-tīrthasnāphalam-tu-yat
Gurupādapayōvindōh-sahasrāmsena-tatphalam

Qualunque merito acquisito attraverso pellegrinaggi e bagnandosi nelle acque sacre, comprese quelle dei sette mari, non eguaglia nemmeno la millesima parte del merito derivato dal bere l'acqua dell'abluzione dei piedi del Guru.

Guru Gita 157, 88

Indice

Introduzione

AUM vāng me manasi pratishthitā
man me vāci pratishthitam
āvirāvīrma edhi

Om! Possa la mia parola essere radicata nella mia mente,
possa la mia mente essere radicata nella mia parola.
Brahman, rivelati a me!

Questo è il modo in cui pregava il *rishi* delle *Upanishad* prima di iniziare a parlare della Verità suprema. Questa potrebbe essere la preghiera di tutte le Grandi Anime: perennemente stabilite nella Pienezza suprema, non hanno alcun desiderio di parlare perché sanno che facendolo, produrrebbero una distorsione della Verità. Per questo i Grandi Esseri preferiscono sempre rimanere in silenzio.

Ciò nonostante, il saggio parla mosso dalla compassione verso coloro che sono alla ricerca di Dio e brancolano nell'oscurità. Consapevole del suo tentativo di compiere l'impossibile, eleva questa preghiera: "O *Brahman* che risplendi di luce propria, ora cercherò di comunicare verbalmente la mia esperienza della Verità. L'esperienza della Verità infinita è di una tale pienezza da essere indescrivibile. Tenterò tuttavia di farlo. Ma, quando parlerò, accordami la facoltà di esprimere e trasmettere con le parole la Verità, il messaggio essenziale. Fa' che non distorca la Verità".

Anche il nostro amato Guru e Dio, Amma – Mata Amritanandamayi Devi – potrebbe aver pensato in tal modo prima di parlare. Amma dice: "Colui che dimora nel proprio Sé non riesce a parlare. Ecco perché il Signore Dakshinamurti, il primo Guru, è sempre descritto come silenzioso". Ma la compassione di Amma per i suoi figli non ha paragoni e da quello stato di perfezione da cui non c'è ritorno, inaccessibile alla mente e alla parola, scende al nostro livello di comprensione per condividere la propria esperienza della Verità con i suoi figli.

Proprio come il Gange celeste scorre dalle vette dell'Himalaya, bagnando e purificando tutti coloro che s'immergono nelle sue acque, così Amma aspetta pazientemente a braccia aperte che i suoi figli si abbandonino al suo abbraccio e possano così avere un barlume dell'Esperienza suprema. Una volta che saremo stati avvolti e avremo gustato quel caloroso abbraccio che dona la pace del cuore, saremo pian piano aiutati ad elevarci verso le inimmaginabili altezze della beatitudine spirituale.

Rannicchiati sotto le ali protettive dell'amore e della compassione universale di Amma, possiamo ascoltare le sue profonde parole di saggezza e gustarne il miele. Ogni sua parola, ogni suo sguardo, ogni suo pensiero, è un'esperienza la cui profondità può essere colta solo attraverso la meditazione. Se saremo capaci di leggere ogni parola di questo libro con un tale spirito meditativo, questa lettura si imprimerà per sempre nel nostro cuore come un'esperienza che ci eleva, dalla freschezza sempre nuova. Sforziamoci sinceramente di farlo e guardiamo cosa succede.

Nel Kerala il monsone aveva raggiunto il culmine. Le piogge torrenziali avevano provocato ondate di piena all'interno dell'intricata rete di lagune e canali, causando a volte inondazioni. Le onde gigantesche del Mar Arabico s'infrangevano contro la stretta striscia di terra situata lungo la costa sud-occidentale dell'India. La Madre è nata su questa penisola ed è sul terreno di proprietà della famiglia di Amma che nel 1981 fu costruito il suo ashram, eletto da discepoli e devoti come il proprio rifugio spirituale. Vivere con un *Mahatma* come Amma significa vivere nella coscienza e nell'amore. Ogni istante passato con lei ci lascia ricordi dal profumo soave che creano una catena di eventi indimenticabili, tenere memorie da custodire con cura nelle profondità silenziose e segrete del nostro cuore. Questa catena di ricordi divini finirà inevitabilmente per sollevare in noi ondate incessanti d'amore che sono il carburante con cui andare oltre la forza d'attrazione che ci lega quaggiù, a questo mondo. Il solo stare in presenza della Madre significa aprire il libro della conoscenza divina e della saggezza.

Tuttavia non è possibile leggere questo libro con la mente o con l'intelletto: bisogna leggerlo nel silenzio del proprio cuore.

Capitolo 1

Alle otto del mattino la pioggia caduta per tutta la notte si era placata, anche se pesanti nuvoloni neri coprivano ancora il cielo. Il terreno dell'ashram era stato inondato dall'acquazzone del primo mattino. Solo il possente rombo dell'oceano rompeva la pace e il silenzio dell'ashram.

A causa della pioggia, il *Devi Bhava* della notte precedente non era stato affollato come al solito ed era terminato all'una invece che alle quattro o cinque del mattino. Un uomo giunto per il *Devi Bhava* era seduto sulla veranda del tempio. Al suo fianco teneva una piccola e vecchia scatola di legno che sembrava una gabbia. Uno dei residenti si avvicinò e gli chiese se avesse bisogno di aiuto. Il devoto, un musulmano, rispose che avrebbe voluto vedere Amma, anche se aveva appena ricevuto il darshan la notte precedente. Mentre camminavano insieme, l'uomo disse al residente che era di Chertalla, un paese a circa sessanta chilometri di distanza, e che si guadagnava da vivere vendendo i profumi prodotti da lui stesso artigianalmente. Una settimana prima era venuto a Karunagapally, una cittadina molto vicina all'ashram, per vendere i suoi profumi. Lì aveva sentito parlare di Amma e il giorno stesso era venuto all'ashram per la prima volta. Essendo domenica, aveva ricevuto il darshan di Amma durante il *Devi Bhava* e poi era tornato a Karunagapally, dove aveva trascorso la

13

notte nella moschea. *Nel mezzo della notte aveva avuto un'esperienza straordinaria che raccontò al residente.*

"Sono stato svegliato dal suono di qualcuno che apriva la scatola dei profumi, quella che ho proprio qui, di fianco a me. Allarmato, mi sono alzato e mi sono seduto sul letto. Stupefatto, ho visto Amma che cercava qualcosa nella scatola dei profumi. Appariva come quando l'ho vista nel *Devi Bhava*. Vedendo il mio sguardo meravigliato, Amma mi ha sorriso e mi ha detto: 'Figlio, Amma stava cercando il puro estratto di legno di sandalo. Ma non c'è'. Mi ha lanciato un rapido sguardo e un sorriso affettuoso e poi è scomparsa. Triste per non averle potuto dare ciò che desiderava, ieri sono venuto con l'estratto di legno di sandalo e l'ho spruzzato su di lei durante il *Devi Bhava*. Amma sembrava molto felice e anch'io ero al colmo della gioia. 'Oh, l'hai portato!', ha perfino esclamato, dimostrandomi chiaramente con questa frase che sapeva ciò che era accaduto quella notte nella moschea. Nel mio cuore si è levata un'ondata di devozione e gli occhi mi si sono riempiti di lacrime".

Il viso dell'innocente venditore di profumi era rischiarato da un grande sorriso. Continuò: "Ho la sensazione di avere realizzato lo scopo della mia vita. Adesso, prima di andarmene, vorrei vedere Amma ancora una volta e inchinarmi ai suoi piedi. Ecco perché sono ancora qui".

Proprio in quel momento, la santa Madre apparve sul balcone della sua stanza. Il devoto si alzò in piedi e si inchinò davanti a lei con grande umiltà. La Madre esclamò: "Oh! Figlio, sei ancora qui? Hai mangiato qualcosa?".

Lui rispose: "Sono rimasto per vederti ancora una volta prima di continuare il mio viaggio di lavoro. Avere visto Amma è come avere ricevuto il mio cibo".

Amma rise e osservò: "Figlio, le tue parole sono molto profonde".

Tutto felice, l'uomo rispose: "Ho detto la verità".

L'essenza di legno di sandalo non è nulla di speciale per un *Mahatma*, che ha trasceso tutti i desideri ed è perennemente immerso nello stato di supremo distacco. In realtà il *Mahatma* non desidera un tale oggetto, ma crea circostanze come questa per ispirarci. Inoltre tali esperienze contribuiscono a instillare la fede e la devozione nella mente e quindi sono come una scala che aiuta il devoto ad avvicinarsi a poco a poco alla sua meta.

Un *brahmachari* si avvicinò per dire alla Madre che non poteva partecipare alla meditazione del mattino perché aveva un compito importante da sbrigare.

"Va bene, figlio", gli disse Amma, "adesso vai nella sala di meditazione e spiega a tutti gli altri perché ti assenterai. Soltanto allora potrai partire e svolgere il tuo lavoro. Se ti assenti senza dare spiegazioni, gli altri saranno tentati di non osservare la disciplina. Qualunque cosa fai, dovresti cercare di essere un esempio per gli altri, servire da ispirazione per i tuoi fratelli. Ogni azione di un ricercatore spirituale dovrebbe trasmettere un messaggio e un insegnamento agli altri. Da ogni azione di un vero ricercatore dovrebbe trasparire un ideale".

Il *brahmachari* si prostrò davanti alla Madre e andò nella sala di meditazione. Prima di tornare in camera, la Madre espresse ancora una volta il suo amore e affetto per il devoto musulmano.

Lavorare con amore

Più tardi, verso le due del pomeriggio, Amma venne a sapere che le mucche non avevano ancora mangiato. Si rattristò molto per quegli animali legati nella stalla e mandò a chiamare il *brahmachari* incaricato di nutrirle. Mentre si avvicinava alla Madre, costui chinò il capo e confessò che si era del tutto dimenticato di dare loro da mangiare. Allibita, Amma esclamò: "Che cosa? Hai dimenticato di nutrire queste povere creature che non possono parlare ed esprimere così la loro fame e la loro sete? Tu ti dimentichi mai di mangiare o di bere? Noi esseri umani possiamo reclamare del cibo quando abbiamo fame, ma loro non possono farlo, non è vero? Hai commesso un grave peccato. Un ricercatore spirituale dovrebbe essere capace di percepire i sentimenti degli altri, non soltanto degli esseri umani, ma di tutte le creature. Non pensare che, solo perché non possono esprimersi verbalmente come gli uomini, le altre creature siano prive di sentimenti.

Riuscire a mettersi nei panni dell'altro, saper vedere e sentire quello che vede e sente un'altra persona: questo è il raro dono di un ricercatore spirituale sincero. Sappi che anche queste creature hanno sentimenti. Fornire loro cibo e acqua all'orario opportuno, consapevoli che, come noi, anche loro provano fame e sete, è *sadhana*. Non devi nutrire gli animali in modo meccanico, soltanto perché è uno tra i compiti che ti sono stati assegnati; non lasciare che diventi una routine. Cerca di sentire che la vita che pulsa in te e in me è la stessa che è presente in queste mucche. Cerca di sentire la loro fame e sete, e allora il lavoro diventerà una *sadhana*".

Detto ciò, Amma prese lei stessa il foraggio da un sacco nel magazzino e si mise a preparare il cibo e l'acqua per gli animali. Con grande esitazione e paura, il *brahmachari* le si avvicinò e la pregò di lasciarlo nutrire le mucche. La Madre si voltò verso di lui e disse: "Non dire niente ora. Amma vuole farlo con amore, affinché questi animali sentano l'amore nel loro cibo".

Il *brahmachari* rimase accanto ad Amma, scusandosi più volte e implorandola di permettergli di svolgere quel compito, ma lei continuò senza prestargli attenzione. Mentre le nutriva, Amma accarezzò e strofinò con la mano ogni mucca sul muso e sulla fronte con infinito amore e compassione. Gli animali mostrarono la loro gratitudine strofinando la testa contro le spalle della Madre, sul cui volto era apparso un sorriso di contentezza. Quando gli animali mangiarono tutto l'impasto di cibo e acqua, la Madre andò verso un mucchio di fieno vicino e, prendendone un poco, l'offrì alle mucche. Dopo averle accarezzate ancora una volta, Amma tornò all'ashram. Quel giorno mangiò soltanto dopo aver finito di dare loro da mangiare: erano circa le quattro e mezza del pomeriggio.

Qualunque atto Amma compia, la quantità d'amore che vi infonde è così straordinaria che lo riveste di particolare fascino e bellezza. Noi non sappiamo come amare. Le nostre azioni sono prive d'amore e quindi di bellezza. Siamo soliti pregustare il frutto delle nostre azioni e tale atteggiamento crea agitazione nella nostra mente e non ci permette di concentrarci. Una mente focalizzata e un'attitudine altruistica sono essenziali per impregnare d'amore il nostro lavoro. Se mancano queste qualità, non ci può essere amore.

Il cuore e l'intelletto

Verso le cinque del pomeriggio un gruppetto di persone si era radunato davanti alla sala di meditazione. In mezzo a questo gruppo c'era la Madre, circondata dai *brahmachari* e dai padri di famiglia residenti nell'ashram; tutti erano al colmo della beatitudine mentre cantavano il Nome di Dio. Amma guidava il *bhajan Kamesha Vamakshi* e il gruppo riprendeva la strofa in coro.

Kamesha Vamakshi

*Salutiamo la Shakti, la Grande Dea
accessibile attraverso la devozione.
Salutiamo il Seme, l'unica Verità,
la Pura e Infinita Coscienza.*

17

Proteggici,
Tu che sei l'occhio sinistro del Signore Shiva,
realizzi ogni desiderio
e brilli attraverso gli oggetti animati e inanimati,
o mia Kamala, Imperatrice dell'universo.

Dea degli esseri celesti,
proteggici da ogni sofferenza.
Senza macchia, Tu proteggi anche
il Signore dell'oceano di latte (Vishnu).

È grazie al Tuo sguardo che il Creatore
compie la Sua opera.
Saluti a Te, che sorgesti da Brahma come Saraswati,
il seme da cui è sprigionato l'intero universo.

Finito il canto, un'atmosfera meditativa avvolse tutti i presenti. Dopo un po', mentre la Madre guardava i suoi figli con un sorriso affabile, uno dei *brahmachari* pose questa domanda: "Amma, questo pomeriggio, mentre davi da mangiare alle mucche, ho sentito che dicevi al *brahmachari* di non parlare perché volevi compiere questo compito con amore, affinché gli animali potessero avvertirlo. Non ho capito bene il significato delle tue parole, ma mi è sembrato di comprendere che esista un legame tra l'amore e la parola. Potresti spiegarmelo per favore?".

Amma rispose: "Figlio, non è sbagliato ciò che dici, ma il vero legame non è tra l'amore e la parola, la vera connessione è tra l'amore e il silenzio. Dove dimora l'amore vero, regna il silenzio. Le parole non vi hanno accesso. Non c'è che pace. Provare vero amore è come essere un lago perfettamente calmo, senza onde né increspature. Le onde e le increspature sono una distorsione, una distrazione, un disturbo nel lago della mente. L'amore nasce dalla quiete della mente. In quella quiete si può fare l'esperienza del silenzio. Il chiacchierio interiore cessa completamente e in quel silenzio si può sentire l'amore autentico. Il silenzio, solo il silenzio, è il linguaggio dell'amore puro. La dimora dell'amore vero è nel cuore. L'amore che vibra nel cuore è indicibile, non può essere tradotto in parole. Il cuore non è il luogo adeguato per le parole, che appartengono alla sfera dell'intelletto. L'intelletto si esprime utilizzando le parole, ma non è niente di più che un registratore. Registra e sputa fuori parole, parole e parole, parole prive di sentimenti. L'intelletto è incapace di sentire compassione, non può provare amore né gentilezza, sa solo usare la ragione; cercherà perfino di razionalizzare sull'amore e sulla compassione. Figli, dove le parole abbondano, non c'è amore. Il vero innamorato è in uno stato meditativo costante. Alla presenza di un tale amore, i pensieri svaniscono. Chi ama davvero medita soltanto, non pensa mai. Tutti i suoi pensieri sono per l'oggetto del suo amore e quindi non esistono molte onde-pensiero nella sua mente. Il suo solo e unico pensiero è rivolto all'amato. Quando non resta che un pensiero, la mente si dissolve. L'assidua concentrazione dell'amante sull'amato penetra nei recessi del cuore, irraggiungibili dalle parole e dai discorsi. Tutte le spiegazioni cessano e quindi non c'è più spazio per i discorsi. Assorto in uno stato di meditazione costante, l'amante si fonde con l'amato formando un tutt'uno.

Nel vero amore prevale la meditazione, si entra nel silenzio e si dimora nella pace del proprio Sé. Quando si riposa nel proprio Sé, è impossibile parlare. Ecco perché il Signore Dakshinamurti, il primo Guru, non ruppe mai il silenzio. Si dice che lui insegnasse ai suoi discepoli tramite il silenzio. Non parlava e neppure i suoi discepoli parlavano, ma il Signore impartiva i suoi insegnamenti e i suoi discepoli lo comprendevano.

Per contro, ai nostri giorni nessuno capirebbe il silenzio di un vero amante o di un meditante. Le persone lo potrebbero considerare strano o dire che è pazzo perché non conoscono il silenzio della meditazione: hanno familiarità soltanto con le parole, e il cosiddetto amore di cui hanno esperienza non può esistere senza le parole. Sono convinte che non sia possibile esprimere l'amore senza le parole. Eppure, quando ci si unisce con l'amato, la parola è assente e si diviene silenziosi e quieti. In questo stato, noto come *samadhi*, si è in costante meditazione".

Amma fece una breve pausa e poi continuò: "C'è una storia che ha come protagonisti il Signore Shiva e Parvati, la Sua divina consorte, che illustra molto bene cosa si intenda con 'il silenzio dell'unione con l'amato'".

Mentre i devoti l'ascoltavano con attenzione, Amma cominciò il suo racconto:

"Un giorno il Signore Shiva e Parvati stavano conversando. Shiva, che era perennemente stabilito nello stato di *samadhi*, andava spesso per sentieri lasciando Parvati da sola sul Monte Kailash. Non sopportando oltre il dolore della separazione, Parvati chiese un giorno a Shiva di insegnarle come entrare nello stato di *samadhi* così da essere sempre unita con il suo Signore. Shiva acconsentì e disse alla Sua divina sposa di sedersi nella posizione del loto. Le chiese di chiudere gli occhi e di meditare, volgendo lo sguardo all'interno. Mentre Parvati meditava, Shiva chiese: 'Cosa stai vedendo?'.

'Vedo la Tua forma con l'occhio della mente', rispose Parvati.

Shiva le dette ulteriori istruzioni: 'Trascendi quella forma. Cosa vedi adesso?'.

'Una luce brillante'.

'Ora vai al di là della luce. Cos'altro?'.

'Il suono Om. Questo è ciò che sento ora'.

'Vai oltre il suono. Qual è la Tua esperienza?'.

Non ci fu risposta a quest'ultima domanda: l'individualità di Parvati era scomparsa, dissolta. La dea era diventata tutt'uno con il suo Signore e in quello stato non c'era nessuno con cui parlare o da ascoltare. Aveva raggiunto lo stato finale dell'amore, l'unione eterna e inscindibile con il suo Signore, inaccessibile alla mente, alle parole e all'intelletto".

Alla fine del racconto Amma si fermò per qualche istante e poi riprese a parlare: "Non ha importanza se questa storia sia realmente accaduta o meno. Cercate di coglierne il messaggio fondamentale. Una persona dominata dall'intelletto non può cogliere il significato della meditazione e dell'amore, sa solo parlare. A che serve un tale intelletto?".

La Madre fece una pausa e il *brahmachari* intervenne immediatamente dicendo: "La vita stessa, nella sua interezza, deve molto all'intelletto dell'uomo. Per non parlare poi di tutte le invenzioni scientifiche e del progresso realizzati nell'età moderna! Tutto questo è stato possibile solo grazie all'intelletto umano. Amma, stai dicendo che l'intelletto è inutile?".

"Figlio, cerca di capire bene", disse la Madre, "ascolta con molta attenzione le parole di Amma e ricorda di usare il cuore invece dell'intelletto. Figli, Amma non intende dire che l'intelletto sia inutile: è assolutamente necessario, ma ha un suo ruolo specifico. Mettetelo nel posto adeguato e non usatelo in modo inopportuno. È pericoloso accordargli eccessiva importanza perché rischiereste di distruggere la bellezza della vita. Dare la priorità alla ragione a discapito del cuore genera conflitti, disappunto e frustrazione. Ci dovrebbe essere equilibrio tra cuore e intelletto. Se guardiamo profondamente in tutti gli ambiti della vita, scopriremo che l'amore si cela dietro ogni cosa. Scopriremo che l'amore è la forza, il potere, e ciò che ispira ogni parola e azione. Questo è un dato di fatto, valido per tutte le persone, al di là della razza, casta, credo, religione, o del lavoro che svolgono.

Per un profano, lo scienziato che realizza invenzioni e conduce esperimenti in laboratorio compie un lavoro puramente intellettuale. Molti direbbero che, poiché richiede intelligenza per svolgerlo, si tratta di un'attività intellettuale che non coinvolge il cuore. Se però osservate con cura cosa accade, vi accorgete che in tutte le azioni del ricercatore c'è amore e che il cuore partecipa in ogni cosa che lui fa. In effetti, se foste capaci di vedere come stanno realmente le cose, capireste che non è possibile fare ricerca senza amore. Più osserverete attentamente, più realizzerete che l'amore è la forza che sta dietro ogni sperimentazione scientifica, ogni invenzione, ogni lavoro.

L'amore rende più acuto l'intelletto. Quanto più amore avrete, tanto maggiori saranno il vostro acume e la vostra chiarezza. Potreste parlare di un intelletto acuto o sottile, ma è l'amore che opera dietro quell'acume. Dobbiamo solo diventarne consapevoli. Alcuni ci riescono, altri no".

Il *brahmachari* ascoltava pensieroso, desideroso di un ulteriore chiarimento: "Amma, capisco, ma non completamente. Per favore, sii così gentile da spiegarti meglio".

Amma proseguì: "Figlio, non si può svolgere nessun lavoro senza concentrazione. Qualunque attività, mentale o fisica, facile o difficile, appassionante o banale, richiede concentrazione. Ora, cos'è la concentrazione? La concentrazione non è altro che l'acquietarsi della mente. La concentrazione ferma il flusso dei pensieri. Quando i pensieri cessano, la mente irrequieta smette di operare e può instaurarsi il silenzio. Questo silenzio della mente proviene unicamente dall'amore. Nel caso di uno scienziato, l'amore che lo spinge a inventare e a fare ricerca l'aiuta a immergersi profondamente nel suo lavoro. A lui piace impegnarsi a fondo. Nel linguaggio comune, usiamo parole come 'interesse', 'sincerità', 'profonda aspirazione' per descrivere questo modo d'agire. Questi termini sono tutti sinonimi di amore. Senza l'amore non c'è né interesse, né sincerità né aspirazione profonda. Non è così?".

"Amma, in questo caso, qual è la differenza tra cuore e intelletto? Sono quasi la stessa cosa, non è vero?".

"In sostanza non sono diversi ma, nel vostro stato attuale di coscienza, la vostra ignoranza crea una differenza tra loro. Non avendo ancora raggiunto lo stato supremo di unità, siete sempre nella dualità, nel mondo delle parole e delle frasi, nel mondo della differenziazione, ed è per questo che avete bisogno di una spiegazione. Una volta trascese le limitazioni, resta solo l'amore, nient'altro che l'Amore divino. In effetti tutte queste spiegazioni e questi termini diversi hanno il solo scopo di farvi capire che solo l'esperienza diretta può rivelare la Verità, e che le parole e le spiegazioni non hanno alcuna utilità.

Quando il pensiero e la ragione predominano in un individuo, chiamiamo costui intellettuale; per contro, quando sono l'amore e la compassione a prevalere, diciamo che questa persona è di cuore. Il cuore e l'intelletto sono entrambi necessari. In realtà, per quanto riguarda l'intelletto, limitarsi ad esercitare la facoltà del pensiero non risponde ai nostri bisogni perché occorre che il pensiero e l'intelletto sappiano discernere. Dobbiamo essere in grado di pensare correttamente e discernere tra il bene e il male, ma abbiamo anche bisogno di un cuore buono per poter sentire ed esprimere amore. Cuore e intelletto sono necessari sia per un *sadhak* che per una persona comune. Non è affatto facile realizzare questo equilibrio tra cuore e intelletto.

Figli, l'amore è la nostra reale natura. In essenza, noi siamo l'Amore divino e questo amore brilla in ognuno di noi. Poiché è la nostra natura innata, non è possibile compiere nulla senza il potere dell'amore.

Un inventore, uno scienziato che conduce esperimenti ha indubbiamente amore dentro di sé, ma questo amore rimane confinato in un particolare settore, è rivolto esclusivamente all'ambito ristretto di cui si occupa, non abbraccia tutto il creato. L'interesse di uno scienziato è in genere circoscritto al suo laboratorio e agli strumenti scientifici che usa. Incurante della vita reale, preferisce cercare di scoprire se c'è vita sulla Luna o su Marte o inventare armi nucleari.

Uno scienziato potrebbe affermare di essere impegnato a scoprire le verità del mondo empirico attraverso l'approccio analitico, ad esempio dissezionando l'oggetto di studio per capire come funziona. Se gli diamo un gattino, sarà più interessato a utilizzarlo per la ricerca che ad amarlo come un cucciolo. Valuterà il ritmo del suo respiro, gli misurerà il battito e la pressione arteriosa. In nome della scienza e della ricerca della verità dissezionerà l'animale ed esaminerà i suoi organi. Per farlo dovrà sezionarlo. In tal modo il gattino morirà, la vita scomparirà e con essa anche qualsiasi possibilità di amare. L'amore può esistere solo se c'è la vita. Nel cercare la verità dell'esistenza, lo scienziato distrugge inconsapevolmente la vita stessa. Che cosa curiosa!

La vita è amore. Vedere e sentire la vita in tutto è amore. La vita non è sulla luna o nel sole. Al contrario, la luna è vita; il sole è vita. La vita è qui, la vita è lì. La vita è ovunque. Non c'è che la vita, null'altro. Lo stesso vale per l'amore. Ovunque vi sia vita c'è amore, e viceversa. La vita e l'amore non sono due, ma un'unica cosa. Non riusciremo a comprendere questo fatto finché non conseguiremo la Realizzazione. Prima di allora, distingueremo sempre tra cuore e intelletto".

Regnava un profondo silenzio, tutti gli sguardi erano fissi sul volto della Madre. Con la più grande semplicità, aveva appena finito di esporre una verità profonda e tutti erano senza parole. Il silenzio fu rotto dal flusso delle dolci parole di Amma che proseguì:

"Uno scienziato è più interessato all'aspetto esteriore che a quello interiore; è più interessato alla singola parte che al tutto. È così assorbito dal mondo sensibile da ignorare completamente l'universo interiore. Un ricercatore è pieno di idee grandiose e possiede un intelletto acuto, ma il suo amore è rivolto esclusivamente alla scienza, non include ogni cosa. Per Amma, un autentico scienziato dovrebbe essere un vero amante: un amante dell'umanità, un amante di tutto il creato e un amante della vita.

Un saggio (*rishi*) ama davvero perché è immerso nel proprio Sé, nel cuore stesso della vita e dell'amore, e percepisce la vita e l'amore ovunque: sopra, sotto, davanti, dietro, in ogni direzione. Persino negli inferi e nei mondi inferiori non vede altro che la vita e l'amore, che risplendono e rivestono di gloria tutto il creato.

Amma dice quindi che il 'vero scienziato' è il *rishi*. Il saggio conduce ricerche nel laboratorio interiore del proprio essere senza creare divisioni, ma vivendo la vita come un tutto. Dimora stabilmente in quello stato in cui l'amore e la vita sono uniti.

Il vero scienziato, il saggio, abbraccia amorevolmente la vita e diventa un tutt'uno con l'esistenza, non cerca mai di contrapporsi. Mentre il ricercatore lotta e cerca di conquistare la vita, il saggio si abbandona a essa, semplicemente, lasciando che la vita lo porti ovunque essa desideri".

Appena finì l'ultima frase, Amma entrò in *samadhi*. I suoi occhi erano spalancati ma fissi. Il corpo non si muoveva affatto; era così immobile che non si riusciva a notare neppure l'ispirazione e l'espirazione. Questo suo stato elevato durò per un po'. Mentre era rapita in *samadhi*, uno dei *brahmachari* si mise a cantare *Anupama gunanilaye*.

Anupama gunanilaye

O Madre, o Dea,
fonte degli attributi più eccelsi,
Tu sei il sostegno di coloro che cercano un rifugio.
O Tu, che la saggezza ha reso umile e l'amore dolce,
mostrami un po' di compassione.

Anche senza che lo dica,
Tu sai che non so abbastanza
per poter conoscere ogni cosa.
Benedicimi con il darshan dei Tuoi piedi
perché sto sprofondando nell'oceano della sofferenza.

La quiete della mente

Quando la Madre ritornò allo stato normale di coscienza, lo stesso *brahmachari* fece un'altra domanda: "Amma, hai detto che la concentrazione acquieta la mente. Ho sentito dire che la ricerca e la sperimentazione scientifica richiedono immensa concentrazione. Se è così, gli scienziati che trascorrono ore e ore in laboratorio, a volte anche giorni, devono provare questa quiete, non è vero? Questa loro quiete è la stessa che hai appena finito di descrivere? Diversamente, qual è la differenza?".

Amma rispose: "Questa è una domanda molto intelligente. Figlio, sebbene entrambi possano avere una mente calma, le loro esperienze sono assai diverse. Uno scienziato può provare una certa tranquillità quando è concentrato su un particolare esperimento oppure mentre realizza un'invenzione, ma appena esce dal laboratorio ritorna ad essere un uomo come tanti. Sebbene sia uno scienziato, anche lui ha delle *vasana*. Succube delle sue vecchie abitudini e *vasana*, non potrà far altro che assecondare la mente e i suoi desideri, incapace di dimorare a lungo in uno stato in cui non ci sono pensieri. Il ricercatore non può prolungare la quiete che sperimenta quando entra in laboratorio e che scompare una volta uscito. È vero che, quando ci si concentra, la mente raggiunge una certa calma e persino un profano in materia potrebbe talvolta farne esperienza. Amma è d'accordo con il fatto che uno scienziato possieda una capacità maggiore di concentrazione rispetto a una persona comune, essendo la sua mente più affinata. La quiete mentale che un ricercatore ottiene grazie alla concentrazione è un dono speciale che gli è stato accordato, ma tale stato non dura a lungo, va e viene; è presente quando lui è tra le sue provette e i suoi apparecchi scientifici, ma non quando ritorna nella vita reale. Nella vita reale, costui potrebbe essere un fallimento totale.

Figli, la quiete mentale di un *rishi* nasce dall'avere completamente abbandonato la mente. In qualsiasi circostanza la mente del saggio è sempre in pace, ad ogni ora e in ogni luogo. Avendola trascesa, costui giunge ad uno stato di 'non-mente'. L'ego di un *rishi* è morto; essendone privo, è libero dalla morsa dei desideri. Per contro, lo scienziato continua a portare il fardello dell'ego e nutre ancora molti desideri. Avendo svuotato completamente la mente, il *rishi* si è sbarazzato per sempre del peso dell'ego; assolutamente libero, non c'è nulla che possa opprimerlo. Potremmo paragonare un *rishi* a uno specchio, puro e limpido come un cristallo, che non ha una sua propria immagine. Se guardandolo vedete delle immagini, esse sono solo riflessi, e i riflessi non appartengono allo specchio. Lo specchio, semplicemente, riflette: non c'è nulla che gli appartenga o che non gli appartenga.

La quiete di cui parli sopraggiunge talvolta in un poeta mentre scrive una poesia o quando, immerso nei suoi pensieri, sta guardando la natura traendone ispirazione. Un contadino che sta pensando alla sua messe e all'immenso raccolto che conseguirà potrebbe sperimentare la stessa quiete. Un comune innamorato che contempla assorto la sua innamorata potrebbe fare la stessa esperienza. Tutte queste persone, però, sono ancora molto centrate su se stesse, dimorano nel piano mentale. La loro mente è affollata di pensieri, idee e progetti per il futuro. Una volta usciti da quella loro cosiddetta quiete di breve durata, riprendono il loro stesso vecchio e piccolo ego.

Uno scienziato continua ad alimentare il suo ego, riempiendolo di conoscenze e informazioni. In tal modo l'ego si gonfia ulteriormente. Invece un *rishi* è completamente vuoto. Potremmo paragonarlo a un corpo senza vita nella corrente che si lascia portare dal fiume della vita, ovunque esso vada. Lo scienziato possiede una pienezza superficiale, ottenuta dal conoscere le cose del mondo, mentre il *rishi* è interiormente colmo, avendo realizzato l'unione con l'Assoluto. Lo scienziato vede la pluralità, il *rishi* vede l'Uno. Lo scienziato non è che un tassello dell'esistenza, il *rishi* è l'esistenza nella sua interezza. Mentre lo scienziato diventa sempre più pesante accumulando fatti e cifre, il *rishi* si svuota per consentire alla conoscenza di fluire attraverso di lui senza che questo comprometta minimamente la sua esperienza dell'Unità. La visione dello scienziato è limitata e ristretta, quella del saggio infinita e abbraccia l'universo intero".

La Madre smise di parlare e chiese ai *brahmachari* di cantare *Kodanukoti*.

Kodanukoti

O Verità eterna,
l'umanità Ti cerca
da milioni e milioni di anni,
Rinunciando a tutto,
gli antichi saggi intrapresero austerità
per innumerevoli anni
al fine di poter unire con la meditazione
il loro sé al Tuo flusso divino.

O Inaccessibile, la Tua piccola fiamma
che brilla come il fulgido sole
rimane ferma e non vacilla neppure
nell'occhio del ciclone più furioso.

Era dopo era, fiori, piante, santuari
e i templi dai pilastri appena consacrati,
tutti aspettano Te,
ma Tu rimani inaccessibile e remota.

Pregare e implorare Dio piangendo è come meditare

Venerdì 6 luglio 1984

Amma stava dando il darshan nella capanna quando uno dei devoti le chiese: "Amma, non so molto della spiritualità. Ho fede in te e voglio dedicare la mia esistenza a Dio. Per favore, potresti dirmi come diventare più spirituale?".

"Figlio", rispose la Madre, "prima di tutto, dovresti abbandonare l'idea di diventare più spirituale. Cerca solo di pregare sinceramente Dio e di meditare su di Lui. Non pensare a diventare più spirituale poiché, a volte, questo stesso pensiero può diventare un ostacolo.

Implora e prega Dio. Canta le Sue glorie. Non affaticarti cercando di sedere per forza nella posizione del loto o di trattenere il respiro mentre mediti sulla Sua forma. Meditare è ricordare Dio, ricordarLo costantemente e amorevolmente. Considera il Signore il tuo amato, oppure immagina di essere Suo figlio. O ancora, consideraLo tuo padre o tua madre. Sforzati semplicemente di pensare a Lui nel modo in cui pensiamo a nostro padre, a nostra madre o al nostro amato. Un innamorato, come ricorda la sua innamorata? Certamente non stando seduto nella posizione del loto. L'immagine dell'amata gli appare nella mente mentre è disteso, cammina o siede sulla riva del fiume, oppure anche quando è al lavoro. Non importa dov'è o cosa sta facendo. Allo stesso modo, ricorda la tua divinità prediletta ogni volta che puoi, al di là di dove sei o cosa stai facendo.

Medita sul Signore come il Creatore, il Protettore e la dimora finale alla quale tornerai. Cerca di sentirLo con il cuore, cerca di percepire la Sua presenza, la Sua grazia, il Suo amore e la Sua compassione. Apri il tuo cuore e prega così: 'Signore, mio creatore, protettore e luogo di riposo finale, guidami verso la Tua luce e il Tuo amore. Riempi il mio cuore con la Tua presenza. Mi hanno detto che sono Tuo figlio, ma io non sono consapevole di esistere in Te. O mio amato Signore, non so come adorarTi, come compiacerTi né come meditare sulla Tua forma. Non ho studiato le Scritture e non so come glorificarTi. O Signore pieno di compassione, mostrami il giusto cammino affinché possa tornare alla mia vera dimora che non è altro che Te'.

Figli, pregate e versate lacrime pensando a Lui. Questa è la più grande *sadhana*. Nessun'altra *sadhana* potrà darvi la beatitudine dell'amore divino più efficacemente della preghiera sincera. Non occorre avere frequentato l'università per amare Dio. Non bisogna essere studiosi o filosofi per adorarLo o invocarLo. È sufficiente invocarLo, ma è necessario che questo appello nasca dal cuore. Invocate Dio con la stessa intensità e innocenza di un bambino che piange a dirotto perché ha fame o vuole essere accarezzato o coccolato dalla madre. Piangete e pregate. Lui si rivelerà, non c'è dubbio. Non può restare freddo e indifferente a un tale appello.

Figli, invocare il Signore e pregare innocentemente sono modi molto potenti per ottenere i Suoi favori. Non è necessario essere un erudito, perfino un profano incolto o un abitante della foresta che non sa leggere né scrivere può ricevere la grazia divina se è determinato a raggiungere la meta.

Ecco una storia che ben illustra questo punto. Uno dei primi discepoli di Shankaracharya era molto orgoglioso della sua devozione per il Signore. La sua divinità prediletta era Narasimha, l'uomo-leone, la quarta incarnazione di Vishnu. Per conquistarne i favori e ottenere la Sua visione, il devoto andò nella foresta a intraprendere rigorose *tapas*. Per parecchi giorni meditò seduto su una roccia vicino all'eremo, praticando una *sadhana* molto rigida. Un giorno, il *sadhak* non si accorse che un abitante della foresta lo stava osservando con grande curiosità. Infatti costui non capiva perché quell'uomo fosse seduto in una posizione così strana, la schiena diritta e le gambe incrociate. Siccome il devoto aveva gli occhi chiusi, l'indigeno pensò, innocentemente, che stesse dormendo. La sua curiosità era così forte e il suo desiderio di parlare con l'uomo che dormiva così intenso che ogni giorno andava da lui e aspettava per lunghe ore, con la speranza che il devoto aprisse gli occhi.

Finalmente un giorno il *sadhak* uscì dalla meditazione. Con grande semplicità, l'uomo della foresta si avvicinò e gli chiese: '*Tambra*¹, perché stai sempre seduto e dormi? Perché non ti corichi?'. Nel vedere la sua innocenza, il devoto rise e disse: 'Sei proprio sciocco! Non dormo, ma medito sulla forma della mia amata divinità'.

Naturalmente l'indigeno non capiva una parola di quello che gli veniva detto: avendo vissuto nella foresta per tutta la vita, era analfabeta. 'Meditare? Amata divinità? Cosa significa?' chiese. Il devoto rispose: 'Tu non capisci questo tipo di cose. Sto cercando di chiamare e pregare il mio Signore'. L'indigeno chiese di nuovo: 'Cosa? Chiamare qualcuno senza muoversi da qui? Perché non vai a cercarlo?'. Il devoto non rispose, si limitò a sorridere e riprese a meditare.

Passarono i giorni. La curiosità dell'abitante della foresta si era risvegliata e l'ardente desiderio di saperne di più sulla persona che il devoto stava cercando non gli lasciava tregua. Così si avvicinò nuovamente al *sadhak* e, molto speranzoso, chiese: '*Tambra*, chi

---

¹ *Tambra* significa "venerabile maestro". Chi appartiene a una casta inferiore usa questo termine quando deve rivolgersi a una persona di casta superiore (N.d.T.).

è quest'uomo che chiami? Posso aiutarti a trovarlo?'. L'asceta era estremamente compiaciuto da questa sincerità e, consapevole che l'indigeno non avrebbe capito nulla della meditazione o di altre tecniche di *sadhana*, rispose: 'Vedi, la persona che sto chiamando non è un essere umano bensì un tipo particolare di leone, un uomo-leone estremamente potente'. L'abitante della foresta fu soddisfatto da questa risposta.

Trascorsero i giorni, i mesi, e i due divennero grandi amici. L'abitante della foresta era molto triste per il suo *tambra*, sempre seduto in meditazione, dimentico di mangiare e di dormire, e pensò: 'Che creatura disubbidiente è questo uomo-leone! Il *tambra* è diventato così magro e debole per mancanza di cibo e di sonno. Devo fare qualcosa per aiutarlo e dare una lezione a quella creatura arrogante che non risponde all'appello del mio *tambra*'. Così decise di partire alla ricerca dell'uomo-leone, non prima però di avere ricevuto il permesso del suo *tambra*. L'innocente uomo aspettò finché il devoto aprì gli occhi, poi gli confessò la sua intenzione e gli domandò il permesso di partire. Il devoto rise di cuore: 'Che uomo folle e ignorante! Pensa che il Signore viva in qualche luogo della foresta'. Pienamente convinto che non ci sarebbe riuscito, ma che fosse inutile cercare di farglielo capire, acconsentì a questa richiesta. Divertito dalla stupidaggine dell'indigeno, l'asceta chiuse nuovamente gli occhi ed entrò in meditazione.

L'abitante della foresta iniziò la sua ricerca. Andò di grotta in grotta, di cespuglio in cespuglio, per monti e valli. Guardò ovunque. Nella ricerca del leone del suo *tambra,* non tralasciò neppure un angolo di quell'immensa e fitta foresta e anche dopo aver ispezionato ogni grotta, cespuglio, collina e valle, non si dette per vinto. Cominciò a chiamare ad alta voce: *'Tambrante simham, va, va'*. (O leone del mio maestro, vieni, vieni). Perse completamente la nozione dello spazio e del tempo. Non sentendo più né fame né sete, era diventato pelle e ossa. Il suo continuo appello

'*Tambrante simham, va, va'* echeggiava in tutta la foresta. Riempiendo l'atmosfera, creava tutt'intorno una vibrazione costante e molto potente.

Gli alberi, le montagne, le valli, i cespugli, gli uccelli e gli animali rimanevano immobili mentre lui chiamava forte: '*Tambrante simham, va, va!*'. A sua insaputa, questo cercare si era trasformato in una ricerca così intensa da bruciare lentamente la sua natura grossolana con tutte le sue *vasana*. A poco a poco la sua mente si dissolse e tutti i pensieri scomparvero; infine anche questo appello esteriore cessò e in lui vi fu solo silenzio. Soltanto il fuoco dell'amore che tutto consuma ardeva dentro di lui, e queste fiamme si levarono, andarono oltre i mondi celesti e raggiunsero la dimora del Signore Vishnu. Le fiamme della meditazione di questo abitante della foresta, un uomo ritenuto ignorante, erano così potenti che Vishnu dovette rispondere. Assumendo la forma di Narasimha, l'uomo-leone, apparve davanti a questa semplice creatura.

L'indigeno strappò una liana, la legò intorno al collo del Signore e lo trascinò dal *tambra* sempre seduto su una roccia ad occhi chiusi, che si sforzava di avere la visione della sua divinità amata. L'uomo della foresta gridò: '*Tambra*, apri gli occhi. Ecco qui il tuo uomo-leone. L'ho portato qui per te'. Dopo numerosi appelli, l'asceta aprì gli occhi. Si strofinò ripetutamente gli occhi, non potendo credere a ciò che vedeva davanti a sé, guardò più volte, incredulo. Il suo Signore, la gloriosa incarnazione del Signore Vishnu, era proprio davanti a lui. Con una mano l'indigeno teneva una liana legata al collo del Signore e con l'altra Gli dava da mangiare dell'erba.

Vedendo la sorpresa del *tambra*, l'indigeno disse: '*Tambra*, scendi. Prendi il tuo leone. Non c'è problema, non è pericoloso. Dài, vieni giù'. Come un folle, il devoto scese dalla roccia e si gettò a terra, ai piedi del Signore e dell'uomo della foresta, piangendo forte come un bambino e chiedendo perdon. L'indigeno era allibito davanti a questo suo comportamento. Fu allora che il Signore disse: 'Alzati, mio caro, non sentirti frustrato. Ricorda che mi sono cari coloro che mi ricordano con amore e avvertono costantemente la mia presenza interiormente ed esteriormente. L'ego non può esistere dove c'è vero amore. E in colui che nutre vero amore, mi è facile entrare e prendere dimora'. Dopo aver pronunciato queste parole, il Signore mise la mano sul capo dell'abitante della foresta accordandogli *moksha*, la liberazione finale, e poi rassicurò il devoto, dicendo che anche lui avrebbe raggiunto la meta suprema in quella stessa vita. Il devoto divenne realmente umile.

Quell'abitante della foresta non aveva studiato nessuna Scrittura, ma aveva un cuore capace di sentire ed esprimere amore. La ricerca che aveva intrapreso non era per sé, ma per qualcun altro. Una persona così, dal cuore così pieno d'amore e di compassione, è più cara a Dio di chi medita nella posizione del loto, orgoglioso di conoscere le Scritture, le tecniche di meditazione e di praticare il *japa*.

Figli, prendendo ispirazione da questa storia, sforzatevi di pregare finché il vostro cuore intenerito si scioglierà in lacrime. Si dice che le acque del Gange purifichino chiunque vi si immerga. Le lacrime che riempiono gli occhi di colui che ricorda Dio purificano tantissimo la mente. Tali lacrime sono assai più potenti della meditazione. In realtà, sono il Gange stesso".

La Madre istruisce sempre le persone in modo diverso, vede con chiarezza in ogni essere e fornisce consigli secondo la struttura mentale e la disposizione spirituale di chi ha davanti. Ad alcuni, la Madre suggerisce di continuare sul sentiero che stanno seguendo, mentre ad altri indica una *sadhana* completamente diversa. Ci sono casi in cui la Madre incoraggia un *sadhak* a proseguire con la stessa *sadhana* apportando piccoli cambiamenti. Alla maggior parte della gente che va da lei, Amma consiglia il sentiero della devozione, dell'amore e della preghiera. A pochissimi suggerisce il sentiero del *Vedanta*, della non-dualità. Secondo lei, la maggior parte delle persone non ha la maturità necessaria per praticare una *sadhana vedantica*. È fortemente convinta che tale *sadhana* sia di ostacolo alla crescita spirituale se svolta da persone immature e prive dei requisiti necessari. La Madre crede che il numero di persone in grado di capire davvero il *Vedanta* e le sue implicazioni nella vita sia molto piccolo.

Amma dice che "il *Vedanta* non è un tema di cui parlare bensì un modo di vivere. Bisogna farne l'esperienza vivendolo. Al giorno d'oggi, nel nome del *Vedanta* la gente resta arenata nella mente e distrugge tutta la bellezza e il fascino della spiritualità e dell'amore divino, indulgendo in discorsi e comportamenti egoistici".

Il lettore potrebbe trovare strano che la Madre consigli a un devoto di non sforzarsi di sedere nella posizione del loto o di non trattenere il respiro durante la meditazione e lo esorti invece a piangere invocando Dio e a pregare con innocenza. La Madre dice che molti vanno da lei lamentandosi di non aver mai avuto una vera 'esperienza', nonostante pratichino intensamente da parecchi anni. Lei pensa che la causa sia da ricercare nella mancanza d'amore e innocenza nella loro *sadhana*. Per vivere veramente e ottenere un'autentica esperienza spirituale, bisogna sviluppare le qualità dell'amore e dell'innocenza. Amma dice che qualunque sia il sentiero spirituale scelto, esso dovrebbe poggiare sulla solida base di *prema* (amore per il Divino). Nel caso del devoto che aveva posto la domanda, il sentiero della devozione doveva essere senza dubbio la *sadhana* che lo avrebbe aiutato a crescere spiritualmente, dal momento che questo era ciò che Amma gli aveva consigliato. Un vero Maestro sa ciò che è meglio per i suoi devoti e discepoli.

Erano circa le sei e mezza del pomeriggio. Amma si alzò e s'incamminò verso la veranda del tempio. Era l'ora dei *bhajan* della sera. Tutti i residenti e i visitatori devoti andarono a prendere posto. Ben presto iniziarono i canti, accompagnati dall'armonium e dai *tabla*. Amma cantò *Adi Parasakti*.

Adi Parasakti

O Suprema Energia primordiale,
Ti prego, accordaci la Tua benedizione
e liberaci dall'angoscia.

O Dea dalle diciotto braccia
che cavalchi un leone,
i Tuoi occhi sono adorati perfino dai petali del loto.
Il Tuo sorriso è soave e il Tuo volto radioso.

Possiedi in eguale misura le sette virtù.
La Tua collera è come quella di un elefante impazzito.
Anche gli dèi come Ajan Ti adorano.

O Signora dell'universo,
danza per sempre nel mio cuore
e concedimi ogni grazia.
Ti prego, ascolta la mia supplica.

Questo momento di beatitudine, che offriva a quelli che cantavano con Amma l'opportunità di assaporare la dolcezza della devozione e dell'amore supremo, durò fino alle otto e un quarto. Dopo l'*arati*, trovarono Amma distesa sulla sabbia non lontano dal tempio. Gayatri e alcuni *brahmachari* erano con lei. Poiché la sabbia era bagnata, qualcuno portò una stuoia per Amma. Gayatri la pregò di stendersi sulla stuoia, ma lei non si mosse. Sembrava che le piacesse la sabbia bagnata e cominciò a rotolarsi per terra. Cogliendo quest'occasione, Gayatri distese su un lato la stuoia, nella speranza che la Madre vi si rotolasse sopra, ma rimase delusa poiché Amma smise di rotolarsi e restò sdraiata, immobile. Puntando l'indice verso il cielo, pronunciò alcuni suoni particolari, che sembravano appartenere a un linguaggio strano e sconosciuto. Il dito rimase in questa posizione per un po', mentre lei giaceva immobile con gli occhi chiusi. Trascorse del tempo prima che tornasse al normale stato di coscienza.

Uno dei *brahmachari*, che aveva assistito alla conversazione del pomeriggio, chiese: "Amma, questo pomeriggio hai detto a un giovane che era sufficiente pregare e piangere per Dio. Non occorre fare altro per conoscere Dio?".

"No", disse la Madre, "a patto di compierlo con il cuore. Figlio, non pensare che la pratica spirituale consista solo nel sedersi nella posizione del loto, meditare o ripetere un mantra. Certamente, anche queste sono vie, tecniche per ricordare Dio e conoscere il Sé, che aiutano a disciplinare e avere il controllo del corpo e della mente, irrequieti per natura, ma è sbagliato considerare queste pratiche l'unica via.

Prendi ad esempio le *gopi* di Vrindavan e Mirabai: in cosa consisteva la loro *sadhana*? Come divennero *Krishnamayi* (colme di Krishna)? Stando sedute per lunghe ore nella posizione del loto a praticare una rigorosa meditazione? No. Certamente, anche loro meditavano. La loro meditazione era intensa e assidua, ma non stavano sedute a gambe incrociate. Devote come le *gopi* e Mirabai ricordavano incessantemente la gloria del Signore, avendo cara la Sua forma nel loro cuore, incuranti del tempo e dello spazio. Le loro incessanti lacrime avevano lavato via il contenuto della loro mente eliminando ogni traccia di pensiero.

Figli, quando piangiamo possiamo facilmente dimenticarci di ogni cosa. Piangere ci aiuta a smettere di rimuginare sul passato e di fantasticare sul futuro. Ci aiuta ad essere nel presente, con il Signore e con il Suo divino *lila*. Se qualcuno che ci è caro muore, ad esempio nostra madre o nostro padre, nostra moglie o nostro marito, oppure un figlio o una figlia, ne siamo addolorati e pensiamo a lui o a lei, non è vero? Dimentichiamo ogni altra cosa. In quei momenti nulla ci interessa. Nei nostri pensieri c'è solo il dolce ricordo di chi è defunto e il nostro pensiero è rivolto solo a lui. Nessun altro pensiero ci distoglie dal nostro raccoglimento e dalla contemplazione di quella persona. La mente è focalizzata su di lei.

Figlio, il pianto ha il potere di darci una concentrazione perfetta. Perché meditiamo? Per ottenere la concentrazione, non è così? Quindi, la maniera migliore per conseguirla è piangere struggendosi per Dio. Questo modo molto potente di ricordare Dio è, di fatto, meditazione. Così facevano grandi devoti come le *gopi* e Mirabai. Guardate com'era disinteressata la preghiera di Mirabai: 'O Giridhari di Mira, non importa se non mi ami, ma Signore, Ti prego, non togliermi il diritto di amarTi'. Pregavano e piangevano finché tutto il loro essere era immerso in uno stato d'incessante preghiera. Continuavano ad adorare il Signore finché venivano completamente consumate dalle fiamme dell'Amore divino. Loro stesse erano diventate l'offerta.

Quando diventate l'offerta, una volta che tutto il vostro essere è in uno stato di preghiera costante, ciò che rimane non siete voi ma Lui. Ciò che resta è l'Amore. La preghiera può compiere questo miracolo. Piangere può renderlo possibile. Qual è lo scopo della meditazione? Diventare Amore, raggiungere l'Unità. Non esiste quindi una tecnica di meditazione migliore del pregare e piangere, struggendosi, per il Signore.

SupplicateLo. Aprite il vostro cuore e deponetelo ai Suoi piedi. La preghiera non è altro che svuotare la mente dalle *vasana*. Pregando, riconoscete la Sua supremazia e vi ricordate della vostra nullità. 'Io non sono nulla. Non sono nessuno. Tu sei tutto'. La preghiera ci insegna l'umiltà. State chiedendo la protezione, l'amore, la grazia, la compassione e l'aiuto divino per giungere a Lui. Lo state chiamando, tendendoGli le braccia. Pregare è abbandonare l'ego. Dal profondo della vostra interiorità state cercando di instaurare un dialogo con Dio, vi sforzate di aprirvi all'infinito dicendo al Signore: 'O Signore, non ho alcun potere. Pensavo di averlo, ma ora capisco di essere impotente. Brancolo nel buio, incapace di vedere. Non sono nulla. Guidami, conducimi, aiutami Tu! Era il mio ego a farmi credere nella mia grandezza, ma ora ho capito di non poter fare nulla senza la Tua grazia e di non essere nulla'. Cosa significa questo? Significa esporsi e rivelare la realtà del vostro essere: una creatura completamente sperduta senza di Lui e la Sua grazia. Ora siete pieni d'umiltà. Ecco il vero modo di esaurire le *vasana*. Bisogna essere consapevoli della propria impotenza, sentirla. Questo senso d'impotenza vi rende umili e l'umiltà, a sua volta, vi aiuta a ottenere la grazia di Dio come pure l'amore umano".

Amma era sempre distesa sulla sabbia. Fece una pausa. Nessuno parlava. La Madre chiese qualcosa da bere, ma quando Gayatri gliela portò non bevve. I suoi modi di fare sono incomprensibili. Dopo un lungo silenzio, un *brahmachari* chiese: "Amma, che differenza c'è tra la preghiera di un semplice credente e quella di un vero devoto?".

Amma rispose: "Nonostante non siano veri devoti, anche i semplici credenti pregano, usando forse gli stessi termini e invocando Dio nell'identico modo. Pur adottando il modo d'agire di un vero devoto, il loro è un semplice pronunciare delle parole vuote. Non pregano veramente con il cuore: chiacchierano. La paura o i desideri li spingono a dire ciò che, secondo loro, è un'orazione, ma in realtà stanno dando dei consigli a Dio. Gli indicano perfino ciò che desiderano e ciò che non vogliono. 'Dammi ciò che desidero e ciò che mi piace. Non mi dare le cose che non mi piacciono', dicono al Signore. Come potremmo chiamare tutto questo preghiera? In realtà, questo atteggiamento è solo un tentativo di stabilire la supremazia su Dio. Tali persone mettono in discussione la natura onnisciente del Divino. Il cosiddetto credente dice, indirettamente, che sa meglio di Dio ciò che è bene per lui e ciò che non lo è. Questa è forse preghiera? No. Costui non fa che esibire il suo ego e non riesce a lasciar andare le sue simpatie e antipatie. Il suo scopo è realizzare i propri desideri, la sua preghiera si fonda sul desiderio. Per contro, il vero devoto offre se stesso al Signore quando prega. Per lui, pregare è offrire la propria vita; la preghiera autentica consiste nel vero abbandono di sé. In un'orazione sincera non vi sono richieste, rivendicazioni, suggerimenti. Il devoto realizza che il suo Signore è all'interno e all'esterno e che è onnipresente, onnisciente e onnipotente. Avendolo compreso, confessa al Signore la sua totale impotenza e Lo accetta come suo unico protettore e guida. Prega con sincerità, con tutto il suo cuore, e riconosce che il suo ego è un fardello inutile. A cosa serve tenere qualcosa d'inutile? Chiede quindi al Signore di liberarlo, di distruggere il suo ego. Questo tipo di preghiera è vera meditazione e porta certamente alla meta. Nella vera preghiera il devoto non ha alcun desiderio né paura. Vuole abbandonare l'ego e si sforza di vedere il Signore in tutte le cose. Non ha altri desideri da soddisfare se non quello di fondersi in Dio per l'eternità".

Qualcuno pose un'altra domanda: "Le nostre preghiere possono essere d'aiuto agli altri?".

La Madre rispose: "Sì, potrebbero. La concentrazione, la devozione e la pura intenzione di chi prega possono produrre un impatto sul destinatario delle nostre preghiere, favorendo la realizzazione di ciò che desidera. Tali preghiere possono aiutare a ricevere una grazia, salvare qualcuno dal pericolo o guarire da una malattia.

Se però il vostro scopo è realizzare l'Essere Supremo, dovete rimuovere ogni traccia d'ego e per riuscirci è indispensabile lo sforzo personale. Il *sadhak* deve personalmente pregare con fervore chiedendo che siano eliminate le sue tendenze negative. Deve impegnarsi a fondo. Tale preghiera non mira a ottenere qualcosa o a soddisfare un desiderio, ma è formulata per chiedere di trascendere tutto ciò che abbiamo conseguito e ogni nostro sogno. Essa è la brama ardente del *sadhak* di ritornare alla sua originaria e vera dimora. Il ricercatore spirituale prende coscienza, sente il peso del proprio ego, e tale consapevolezza crea in lui il bisogno pressante di depositare questa zavorra. Questo bisogno si esprime attraverso la preghiera.

Non è possibile rimuovere l'ego grazie alle preghiere di un'altra anima, anch'essa limitata. È inoltre indispensabile lo sforzo personale e la guida di un Maestro perfetto. Lavorare sull'ego oppure svuotare la mente diviene più facile alla presenza di un Maestro perfetto. Sebbene Amma abbia detto che la preghiera di una persona comune non può distruggere l'ego di un altro, il semplice pensiero, lo sguardo o il tocco di un *Satguru* possono trasformare radicalmente il discepolo. Se lo desidera, il *Satguru* può anche accordare al discepolo o al devoto la realizzazione del Sé. Può fare qualunque cosa. La sua volontà è una con quella di Dio.

Quando pregate per soddisfare desideri futili, rimanete bloccati nella mente e in tutti i suoi attaccamenti e avversioni, oltre ad aggiungere altre *vasana* a quelle già presenti. Create nuovi desideri, nuovi mondi, e allungate la catena dei vostri tratti negativi come la collera, la cupidigia, l'avidità, la gelosia, la tendenza a distrarsi, a cadere nell'illusione, ecc. Ogni desiderio porta con sé queste emozioni negative e i desideri insoddisfatti generano collera. Quando invece pregate chiedendo di essere purificati e giungere così all'*atma bodha*, alla consapevolezza del Sé, le *vasana* vengono distrutte. Tali preghiere trasformeranno la vostra visione della vita. La vecchia persona morirà e ne rinascerà una nuova.

Per contro, pregare affinché si realizzino desideri futili non porta alcun cambiamento nella vostra personalità. Chi prega in questo modo rimane lo stesso, il suo comportamento è immutato. Ciò non vuol dire che bisogna essere indifferenti nei confronti dei malati o di quelli che sono meno fortunati di voi. Pregate per loro, pregate il Signore affinché li aiuti. Questo è di gran lunga superiore al pregare per realizzare desideri meschini. Ricordate però che, se il vostro fine è realizzare il Sé, l'ego e le vostre *vasana* devono sparire e per riuscirci occorre lo sforzo personale, la guida e la grazia del *Satguru*".

La discussione sulla preghiera era terminata e fu la malinconica melodia del canto *Karunatan katamiri* a riempire l'atmosfera.

Karunatan katamiri

O Madre, degnaTi di gettare
uno sguardo compassionevole su di me
affinché possa gustare la pace della mente.
Nel fiore interiore del mio cuore, adoro i Tuoi sacri piedi.

Giorno e notte, onde di dolore
si levano nella mia mente, travolgendola!
Regina della Terra
che distruggi il dolore e dispensi ciò che è bene,
o Madre, mostrami la Tua misericordia.
Permettimi di adorare i Tuoi piedi, belli come fiori.
Possa il Tuo sguardo compassionevole posarsi su di me
e colmarmi di beatitudine.

Abbi la bontà di versare
gocce del nettare del Tuo amore puro
su questa mia povera mente affranta,
cosicché io possa bagnarmi e nuotare
nelle acque fresche dell'Oceano di Beatitudine.

La spiritualità è deporre il nostro fardello per poi riprenderlo

Fu sollevata un'altra domanda: "Amma, qual è il modo migliore con cui spiegare o interpretare la spiritualità?".

La Madre rispose: "La spiritualità non è qualcosa che si può spiegare o interpretare, è un'esperienza. In effetti, per conoscere davvero la spiritualità, bisogna abbandonare tutte le interpretazioni e spiegazioni ed essere molto ricettivi. Occorre mettere a tacere ogni dialogo interiore e giudizio. Tutte le interpretazioni appartengono all'intelletto, sono concetti presi in prestito o ricavati da altre idee: semplici ripetizioni. La spiritualità non può che essere sperimentata nella quiete e nel silenzio, dimenticando tutte le informazioni riguardanti il mondo esterno.

La Madre ha sentito la seguente storia: c'era un *Mahatma* che non amava che gli altri venissero a conoscenza della sua grandezza d'animo ed era solito avere con sé un grosso sacco pieno di giocattoli, dolcetti e caramelle per i bambini. Appena ne vedeva uno, gli regalava giocattoli e dolcetti. Un giorno, un gruppo di studiosi lo fermò e disse: 'Venerabile, sappiamo che lei è un santo, una Grande Anima, e sappiamo anche che lei sta recitando una parte. Trasportando questi giocattoli e caramelle, sta cercando di porre una cortina tra lei e noi. La preghiamo, non ci lasci cadere nell'abbaglio, ci parli della spiritualità'.

A queste parole, il *Mahatma* lasciò cadere il sacco e si allontanò di alcuni metri. Le persone chiesero: 'Cosa significa? Non capiamo cosa intende'. Il *Mahatma* rispose: 'In questo consiste la spiritualità: deporre il fardello del proprio ego'. Gli studiosi dissero: 'D'accordo. E poi?'. Ritornando sui suoi passi, il *Mahatma* prese il sacco, se lo mise di nuovo sulle spalle e replicò: 'La spiritualità consiste nell'abbandonare, nel rinunciare a qualsiasi cosa. Questo sacco pesante è il vostro ego con tutte le sue tendenze negative, come la collera, l'avidità, la gelosia e l'egoismo, che sono un fardello. È questo peso che vi trascina in basso. Liberatevi del vostro ego e, dopo esservene alleggeriti, ritornate sui vostri passi e riprendetelo. Adesso, però, non ha più alcun peso. In altre parole, non riprendetelo finché non sentite che non è più un fardello. A questo punto quell'ego avrà solo la parvenza dell'ego. È interessante osservare come operi un ego apparente: si comporta come se tutto fosse un gioco. Questo ego creato dal Sé è qui per divertire voi e quelli che vi circondano, e possiede giocattoli e dolcetti per la gioia dei bambini'.

Figli, la spiritualità consiste nel lasciar cadere e nel riprendere, nel deporre ogni cosa prima di ripigliare il fardello ma, questa volta, esso non è più un fardello. Quando vi sarete completamente liberati del vostro fardello interiore, riprendetelo. Porterete il fardello del mondo, ma non ne sentirete il peso. Al contrario, proverete un'immensa gioia scaturire dal profondo anche mentre state portando il fardello del mondo. Prima, la vostra sofferenza era reale, mentre adesso non c'è più alcuna sofferenza perché la vostra mente è in uno stato di perfetto riposo e quindi non avete più la sensazione di portare un peso. Sebbene continuiate ad agire, siete impegnati nell'azione senza esserne coinvolti. Cominciate a vedere le cose da un angolo completamente diverso. Assumete un ruolo senza mai identificarvi in quella parte: rimanete all'esterno. Qualunque cosa facciate, siete nella Beatitudine".

Qualcuno fece un commento che rivelava una certa confusione: "Abbandonare l'ego per poi riprenderlo e tuttavia rimanere senza ego, senza sentirne il carico. Difficile capirne il senso!".

La Madre continuò: "La Madre vi ha detto che si tratta di un'esperienza che non può essere colta, spiegata né interpretata dall'intelletto. L'intelletto ha una spiegazione per tutto. Le persone non sono pronte ad accettare qualcosa che non sia accompagnata da una spiegazione e credono che esista una spiegazione logica per tutto. Poverette! Pensano che sia possibile spiegare la natura dell'universo con tutti i suoi misteri. Il pensiero scientifico moderno è la causa di questo tipo di atteggiamento della mente umana. L'approccio scientifico moderno si interessa solo dei fenomeni e degli oggetti del mondo sensibile, si occupa esclusivamente del mondo empirico, misurabile con strumenti esterni, e le conclusioni a cui giunge devono essere comprensibili intellettualmente.

Questa concezione ha minato la fede dell'uomo. I sensi non sono in grado di percepire l'amore né la fede perché entrambi non sono oggetti concreti. Queste qualità, inesprimibili attraverso le parole, costituiscono le fondamenta stesse della vita. Se non ci fossero, la vita non sarebbe vita ma morte. La bellezza e lo splendore della vita dipendono interamente dall'amore e dalla fede. Questi sentimenti vanno sperimentati, non sono nozioni astratte. L'esperienza ci insegna che la vita senza l'amore e la fede può essere paragonata a una macchina o a un cadavere. Come un cadavere si decompone, così anche la vita inizia a decomporsi se privata dell'amore e della fede. Si tratta di un'esperienza comune, che possiamo vedere ogni giorno. É singolare che le persone chiedano ancora delle prove e delle spiegazioni a riguardo. Che peccato che dubitino a tal punto della verità!".

In una frazione di secondo, la Madre si librò di nuovo verso le vette della beatitudine spirituale. Adesso era in uno stato singolare. Con la mano destra prese una manciata di sabbia bagnata, ne fece una palla e se la mise sulla fronte. In silenzio e completamente immobile, chiuse gli occhi, dimorando per qualche tempo nel suo mondo, un mondo incomprensibile alla mente umana.

All'improvviso cominciò a cantare *Nilameghangale*.

Nilameghangale

O nuvole scure, dove avete preso
questa tinta bluastra,
lo stesso colore scuro della carnagione di Krishna,
il figlio di Nanda di Vrindavan?

Avete incontrato il piccolo Krishna?
Vi ha sorriso? Ha parlato con voi?
Vi ha lanciato uno sguardo
con quegli occhi che ricordano il loto blu,
dolci come il miele?

Il profondo silenzio della notte e la grande forza ispiratrice del canto fecero scivolare la mente di tutti in uno stato di quiete. È davvero meraviglioso ascoltare le dolci parole di Amma e il suo cantare estatico perché appagano e riempiono il cuore e l'anima d'amore. Sono momenti di silenzio profondo in cui lei irradia la beatitudine del suo silenzio interiore e possiedono una bellezza indescrivibile. Durante questi momenti di meditazione, con la sua presenza, la Madre permette a ciascuno di tuffarsi senza nessuno sforzo nel profondo del proprio cuore, dove dimorano il silenzio e la pace.

Ritornando dalla sua estasi, la Madre si voltò e la pallina di sabbia le cadde dalla fronte. Uno dei *brahmachari* la prese con cura e la tenne tra le mani.

Ancora una volta, l'uomo che aveva chiesto spiegazioni sulla spiritualità riprese il filo del discorso e chiese: "Amma, non hai spiegato come il santo non avverta il peso del fardello che porta".

La Madre sorrise con aria birichina. Forse pensava che fossimo proprio stupidi ad insistere con la stessa domanda anche dopo aver sentito dire ripetutamente che le esperienze spirituali sono inspiegabili. Ad ogni modo, l'Incarnazione suprema della compassione benedisse di nuovo i suoi figli fornendo qualche altro chiarimento: "Figlio, prima di rispondere alla tua domanda, lascia che Amma ti dica che l'intelletto non smette mai di sollevare obiezioni e dubbi. Non ci consente mai di credere, di avere una fede assoluta. Guardati: ti è stato appena detto che è impossibile spiegare la spiritualità, ma il tuo intelletto non ti consente di accettarlo, non ti permette di credere. Insisti nel domandare prove sotto forma di ulteriori spiegazioni. Questo chiedere non avrà mai fine a meno che tu non divenga consapevole dell'inutilità di questo domandare incessante. Più vi vengono date dimostrazioni e spiegazioni, più l'intelletto ne esige. Le prove e le spiegazioni sono, difatti, cibo per l'intelletto. Senza dubbi, parole e spiegazioni, la mente e l'intelletto non possono sopravvivere, non possono esistere. La sorgente che consente alla mente di esistere è data dalla conoscenza che proviene dal mondo esterno, ecco perché la mente brama fatti e cifre. Sapendo questo, cerca di non alimentarla.

Il santo cessa di alimentare la mente con la conoscenza del mondo. Una volta smesso di nutrire l'ego, si arresta il funzionamento abituale e meccanico della mente. Il *Mahatma* ne acquisisce il controllo assoluto. Il santo vive nel cuore. Mentre la testa è la dimora dell'ego, il cuore è la dimora priva di ego. Il santo non vive più nella testa, ha abbandonato l'ego per risiedere nel cuore. Il *Mahatma* non dubita, non divide, è totalmente unificato. È l'universo.

Una volta distrutto l'ego, non siete più una persona. Siete la coscienza. Siete senza forma. L'ego è la sostanza che dà nome e forma. Una volta dissolto, il nome e la forma svaniscono. Potete anche attribuire un nome a un santo, potete percepirlo in una forma, ma lui non è né l'uno né l'altro. Lui è come il vento, come lo spazio: tutto può attraversarlo. L'intero universo con tutti i suoi oggetti – i soli, le lune e le stelle; le montagne, le valli e le foreste; gli oceani, i fiumi e i ruscelli e anche tutte le genti, gli animali e gli esseri viventi – passano attraverso di lui. Semplicemente, egli rimane impassibile, senza essere toccato né turbato da nulla. Vive nel silenzio, nella pace e nella beatitudine. Poiché non ha ego, non si identifica con la mente.

Ecco un altro esempio che illustra questo punto: mentre siete sott'acqua, non avvertite il peso degli oggetti che trasportate, indipendentemente da quanti siano, ma se uscite dall'acqua e cercate di portare lo stesso carico, potreste non riuscire a muovervi neanche di un centimetro. Così, il *Mahatma* si tuffa profondamente nel cuore dell'esistenza, diviene l'esistenza stessa. Fluttuando in questo spazio, il fardello che porta non ha peso. Poiché il *Mahatma* non avverte alcun peso, non si tratta di un vero fardello. Essendo il saggio privo di ego, non è appesantito da nessun carico.

Il santo vive nell'amore, vive nella compassione. È l'incarnazione dell'amore e della compassione. Nell'amore puro non esistono fardelli. Nulla è pesante per l'amore puro e disinteressato. Il vero amore può accogliere la sofferenza dell'intero universo senza avvertire il minimo dolore. Quello che chiamiamo il greve fardello del mondo intero è senza peso per un *Mahatma*, che porta questo carico con immensa gioia. Ma, in realtà, non lo porta affatto. Non può portare nulla perché il santo non è una persona, non è una forma. È lo spazio stesso, può contenere ogni cosa. Lo spazio è capace di accogliere tutto senza diventare mai saturo. Ciò nonostante rimane ancora tanto posto nello spazio. Lo spazio è sconfinato, inesauribile.

Nello stato di coscienza in cui dimora un *Mahatma* non c'è alcuna divisione, si è completamente unificati. Esiste solo lo spazio. Siamo noi che creiamo separazioni. Come effetto del *karma*, l'ego crea divisione. È come una casa divisa in tante stanze dalle pareti. Prima che fosse costruita, c'era solo lo spazio. Dopo aver innalzato i muri, lo spazio è stato scomposto in vani ma, in realtà, anche al termine della costruzione dell'edificio e dei muri divisori, esiste solo lo spazio. La casa esiste nello spazio. Se demolite i muri, l'edificio scompare e, di nuovo, ciò che rimane è lo spazio. Potremmo paragonare l'ego ai muri divisori. Rimuovete l'ego e diverrete di nuovo spazio.

Ma, figlio, quale beneficio hai nell'accontentarti di ascoltare queste parole e queste idee? Dovresti sforzarti di realizzare quello stato libero da ogni peso. Solo quello è degno di valore".

Un altro *brahmachari* si sentì indotto a intervenire: "Che bello ascoltare le tue parole, Amma. Anche se siamo come la bassa marea nel mare della vita, ci sentiamo molto ispirati dalle tue parole. A volte, dentro di noi, sorge un bisogno imperioso che, simile a una marea, ci spinge a conoscere e a fare esperienza diretta di quello stato supremo. Ma questo impulso non dura a lungo, sfuma rapidamente".

Amma riprese questo punto e lo sviluppò: "La marea si alza e si abbassa. Sale quando vi trovate in situazioni come questa, ispirati dal *satsang*. La somma di tutte queste circostanze ispiranti creeranno un bisogno impellente che non vi lascerà tregua. Questo sarà il punto di partenza da cui vi librerete, spiccherete il salto finale. Un vero maestro vi porterà a quel punto con circostanze sempre più ispiranti e intense. Man mano che sarete più ricettivi, le circostanze diventeranno sempre più intense. In tal modo, un Guru autentico porta lentamente e progressivamente alla meta anche lo studente meno meritevole".

Il *brahmachari* si rallegrò nell'udire questa affermazione. Considerandosi un discepolo indegno, uno di loro disse: "Adesso sono contento, pensando che anch'io ho qualche speranza. Aspetto il giorno in cui la mia mente arderà dal desiderio di fondersi in Amma".

La Madre ribatté: "Non accontentarti di aspettare senza fare nulla. Non sprecare il tuo tempo nell'attesa, ma utilizzalo per preparare la mente e creare un'apertura interiore sempre maggiore così che il Guru possa entrare. Il Maestro è sempre pronto ad entrare, ma perché possa farlo dev'esserci almeno una fessura. Una volta che il Guru è entrato, allora tutto andrà bene. Lui farà il resto, si assicurerà che tu venga divorato. Attualmente, però, non c'è neanche una piccola crepa. Cerca di creare quell'apertura, o almeno una fessura, e permetti al Guru di occupare un piccolo spazio dentro di te. Con il tempo, il Maestro farà in modo di cacciare l'ego e prendere possesso del tuo cuore".

Detto ciò, Amma intonò il canto *Agamanta porule*.

Agamanta porule

O Essenza degli Agama,
Presenza che impregni l'intero universo,
chi può conoscere Te, pura saggezza?
O Sé di beatitudine,
Essere eterno che non conosce il dolore,
Potenza suprema e primordiale, proteggimi!

Dimorando nei cuori, conosci ogni cosa.
Risiedi in tutti i cuori,
pronta a concedere la beatitudine della Liberazione.
Non puoi essere vista dal malvagio,
ma sempre splendi nella meditazione
di chi segue la retta via.

Brilli fulgida come Verità eterna,
o Devi, o Immortale.
Mostra il sentiero della salvezza
e illumina questo sciocco.

Apertamente Ti chiedo, Madre.
Degnati di entrare e splendere nel mio cuore.
Permettimi di glorificare le Tue opere

e liberami da questa maya!

Verso le dieci e trenta di sera si mise a piovere. Sembrava che ad Amma piacesse stare sotto la pioggia perché non si alzò. Come se fossero sulla sua stessa lunghezza d'onda, tutti rimasero seduti tranne Gayatri, estremamente preoccupata per la salute e il benessere fisico della Madre. Gayatri si alzò, avendo compreso che quella pioggerella sarebbe presto diventata una pioggia torrenziale. La Madre non si mosse. Gayatri la implorò di alzarsi e ripararsi nella veranda del tempio o di salire in camera. All'improvviso la pioggerella si trasformò in un acquazzone e tutti finirono per essere bagnati fradici. Fin dalle prime goccioline di pioggia, Gayatri aveva aperto l'ombrello che portava con sé, cercando di tenerlo sopra il capo della Madre, ma Amma stava godendosi la pioggia e soltanto con grande riluttanza cedette alle continue suppliche di Gayatri. Infine si alzò e accompagnata da Gayatri andò nella sua stanza.

I *brahmachari* rimasero lì ancora qualche istante, trasognati. Furono necessari alcuni minuti prima che si accorgessero che la Madre se n'era andata. Allora balzarono tutti in piedi e corsero verso la veranda del tempio.

Tremando, uno dei *brahmachari* commentò: "Ho avuto l'impressione che Amma desiderasse vedere se ci saremmo alzati, scappando a gambe levate, all'arrivo della pioggia. Forse era un test. O forse no. Amma ha le sue ragioni. Forse preferiva semplicemente restare sotto la pioggia".

Un altro disse: "Non so come comportarmi in tali occasioni. Per esempio, Gayatri insisteva affinché la Madre andasse in camera sua, mentre nessuno di noi ha detto una parola. Siamo rimasti seduti, in silenzio. Certamente, anche noi siamo rimasti sotto la pioggia. Ma, mi chiedo, qual è il giusto atteggiamento? Qual è l'atteggiamento più corretto, quello di Gayatri o il nostro?".

Condividendo questa sensazione di disagio, un altro *brahma-chari* commentò: "Ora che hai sollevato la questione, anch'io mi sento in colpa. Penso che avremmo dovuto chiedere ad Amma di salire in camera prima che piovesse a dirotto".

Seguì una breve discussione al termine della quale i *brahma-chari* decisero che ne avrebbero parlato con la Madre quando si sarebbe presentata l'occasione e poi si ritirarono nelle loro camere.

Soltanto il soffio del vento, il rumore della pioggia e il rombo delle onde dell'oceano rompevano il silenzio.

Capitolo 2

Qual è il giusto atteggiamento?

Sabato 7 luglio 1984

Nel corso della mattinata i *brahmachari* ebbero l'opportunità di rivolgere ad Amma la domanda che li aveva assillati il giorno prima. Uno di loro chiese: "Amma, quando ieri ti trovavi sotto la pioggia e ha iniziato a piovere a dirotto, Gayatri ti ha pregata di andare nella tua camera, mentre noi non abbiamo detto niente, siamo semplicemente rimasti in silenzio. Amma, per cortesia, dicci se il nostro restare in silenzio è stato un errore".

Ridendo fragorosamente, Amma replicò: "No, no, figli, non preoccupatevi, il vostro comportamento non è stato scorretto. Era giusto sia il vostro che quello di Gayatri.

La *sadhana* di Gayatri consiste nell'occuparsi delle necessità fisiche di Amma, un compito che svolge molto scrupolosamente. Nelle fasi iniziali dell'amore, l'innamorato è molto attaccato e pieno di attenzioni per il corpo fisico della sua innamorata. Questo attaccamento, questo forte legame, continua fino alla fine, quando l'amante diviene uno con l'amata. Il sentimento di 'io e te' sussiste nell'amante fino all'unione finale. Gayatri è costantemente preoccupata per il corpo di Amma; i suoi pensieri e perfino i suoi sogni sono incentrati sui bisogni fisici di Amma. Questa sua premura nasce dall'amore puro che nutre per lei.

Questo atteggiamento è giusto: provare attaccamento e profonda attenzione per il corpo del Guru, anche se lui non pensa affatto alle proprie necessità fisiche. L'attaccamento al Guru allontana il ricercatore spirituale da ogni interesse e preoccupazione mondana, lo aiuta a dimenticare il mondo e a concentrarsi su Dio. Il progresso spirituale di un discepolo o di un devoto dipende dall'intensità con la quale si ricorda del Guru o di Dio. Anche questa è meditazione e questa meditazione culminerà nel percepire tutto come Uno. I pensieri di Gayatri sono sempre incentrati sulla Madre e sulle sue necessità e quindi non c'è nulla di sbagliato nel suo comportamento. È corretto.

Figli, conoscete la storia dell'emicrania di Krishna? Un giorno il Signore Krishna finse di avere un forte mal di testa. Quando il saggio Narada entrò nell'appartamento del Signore, vide che Krishna stava rotolandosi sul letto per l'atroce dolore. Esprimendo la sua preoccupazione, Narada gli chiese se potesse fare qualcosa, se c'era qualche rimedio in grado di alleviare il mal di testa. Krishna, che sembrava in preda a un forte dolore, mormorò, con voce flebile: 'L'unica medicina è la polvere dei piedi dei miei devoti. Questo dolore insopportabile svanirà solo se mi verrà applicata questa polvere sulla fronte'.

A queste parole, Narada pensò: 'O mio Dio, io sono devotissimo del Signore, ma come posso commettere il grave peccato di darGli la polvere dei miei piedi affinché la applichi sulla Sua fronte? Impossibile, non posso farlo'.

Tuttavia voleva trovare un rimedio per Krishna e così partì in cerca di qualcuno che avrebbe accettato di dare la polvere dei suoi piedi al Signore. Il saggio andò prima da Rukmini e da Satyabhama, le divine spose di Krishna, che però rifiutarono immediatamente, non volendo commettere un peccato talmente grave. Allora Narada fece visita a molti santi e saggi conosciuti per la loro devozione e *tapas*, ma nessuno di loro era pronto a commettere un simile peccato.

Deluso e indispettito, Narada tornò a Dwaraka, la residenza di Sri Krishna, e confessò al Signore che tutti quelli che aveva contattato temevano le conseguenze di un così grande peccato e Gli chiese dove avrebbe potuto trovare questo rimedio. Nel vedere la disperazione di Narada, il Signore, che continuava a fingere di stare molto male, rispose sorridendo: 'Vai a Vrindavan'.

Narada si recò dunque a Vrindavan, dove le *gopi* accolsero, emozionatissime, questo grande devoto di Sri Krishna con molto calore. Lo circondarono e lo subissarono di domande sul Signore. Dopo aver risposto, Narada raccontò del forte mal di testa di Krishna e dell'unico rimedio efficace, e confessò loro che questo era lo scopo del suo viaggio. Senza pensarci un attimo, come impazzite, le *gopi* cominciarono a riempire sacchi e sacchi con la sabbia che avevano calpestato. Sconcertato, Narada esclamò: 'Cosa state facendo? Non sapete che questo è il peggior peccato? Applicare al Signore la polvere dei vostri piedi. Vi ha dato di volta il cervello?'.

Piene d'amore per il Signore, le *gopi* gridarono: 'Lasciaci commettere questo peccato, per quanto grave. Non ci interessa, non ci importa dei peccati e dei meriti. Il nostro adorato Krishna deve guarire dal mal di testa, questa è l'unica cosa che conta per noi. Se la polvere sotto i nostri piedi è il rimedio, non ci preoccupa la punizione in serbo per noi. L'accetteremo volentieri'.

Narada era stupefatto dalla devozione e dall'amore incondizionato che avevano per Krishna. Tornato a Dwaraka con i sacchi di sabbia dei piedi delle *gopi*, Narada trovò Sri Krishna seduto, con un sorriso di benvenuto che illuminava il volto, completamente guarito. Narada capì allora che la storia del mal di testa era solo una commedia divina recitata da Sri Krishna per renderlo umile e che il Signore aveva raggiunto il suo scopo quando gli rivolse queste parole: 'Mio caro Narada, mentre tu e tutti gli altri eravate attenti a non commettere peccato, Io ero l'unico pensiero delle *gopi* che non si curavano della gravità del loro atto. In effetti erano pronte ad accettare tutte le conseguenze del cosiddetto peccato: donare la polvere dei loro piedi al Signore. Non pensavano che a Me. L'unica loro preoccupazione era la guarigione del loro Krishna, che non provasse più dolore. Nessuno può eguagliare la loro *bhakti*'.

Figli, questo atteggiamento del devoto che si preoccupa del benessere fisico del Signore è perfettamente corretto. Il Signore è il suo diletto, è tutto per lui, e quindi prendersi cura delle necessità corporee, della salute e del benessere fisico del Divino è perfettamente in sintonia con l'amore e la devozione che prova. È l'attaccamento, il costante ricordo di Dio, che lo induce a comportarsi in questo modo. È una buona cosa".

A questo punto il *brahmachari* chiese: "Amma, all'inizio hai detto che il nostro comportamento non era sbagliato, ma la tua spiegazione sembra indicare che Gayatri avesse ragione e noi torto".

"No, no, non è così", lo rassicurò la Madre, "Amma voleva soltanto dire che il vostro contegno deriva dallo stato in cui vi trovavate: completamente identificati con quel particolare contesto. Eravate caduti nell'oblio, inconsapevoli delle nubi e della pioggia. In quei momenti guardavate Amma con una tale concentrazione che non vi eravate neppure accorti delle prime gocce di pioggia. Immersi nel presente, con Amma, nient'altro aveva importanza per voi. Tuttavia, poiché la *sadhana* di Gayatri consiste nel prendersi cura delle necessità fisiche di Amma, la sua mente era principalmente focalizzata sulla salute di Amma e, vedendo arrivare la pioggia, voleva evitare che lei s'inzuppasse. È quindi naturale che cercasse di portarla al riparo. Sia la sua che la vostra condotta sono appropriate.

Se paragoniamo il comportamento di Gayatri a quello delle *gopi,* che diedero la polvere dei loro piedi per guarire l'emicrania di Krishna, il vostro assomiglia a quello della *gopi* che si bruciò le dita quando vide Krishna.

Figli, conoscete questa storia? La suocera di una *gopi* disse un giorno alla nuora di accendere la lampada nella casa perché stava scendendo la sera. La *gopi* si recò quindi nella casa del vicino per prendere del fuoco. A quei tempi non esistevano né l'elettricità né i fiammiferi e per accendere il fuoco bisognava utilizzare la pietra focaia oppure sfregare due legnetti l'uno contro l'altro. Una volta riusciti, si teneva viva la fiamma per permettere agli altri di accendere la loro. Era dunque normale cercare il fuoco dal vicino. Per accendere la sua lampada, la *gopi* portò con sé uno stoppino di cotone intriso d'olio. Proprio mentre lo accostava alla fiamma, sentì qualcuno che diceva: 'Guarda, c'è Krishna sulla porta!'. Immediatamente la *gopi* si voltò e vide il suo diletto Krishna davanti a lei. VederLo la emozionò talmente che rimase impietrita, lo sguardo fisso su di Lui, inconsapevole di tenere in mano uno stoppino acceso. Totalmente dimentica del mondo esterno, non si accorse che si stava bruciando le dita. Non provava nessun dolore perché non era più cosciente del corpo. Nel frattempo la suocera aspettava che la nuora tornasse con il fuoco e non vedendola arrivare decise di andare a cercarla. Quando giunse nella casa del vicino, trovò la *gopi* in estasi che contemplava Krishna. Era talmente rapita dalla Sua presenza da ignorare che si era bruciata le dita.

Ricordate però che questo è solo un esempio. Sia voi che Gayatri avete ancora molta, molta strada da fare per raggiungere quello stato di devozione suprema.

Figli, è sbagliato compiere consapevolmente un'azione egoistica. Se, ad esempio, per rabbia o per dispetto lasciaste volutamente Amma sotto la pioggia, vi comportereste ingiustamente e questo

comportamento potrebbe ostacolare il vostro progresso spirituale. Anche correre al riparo senza curarvi di Amma né chiederle il permesso di allontanarvi o allontanarvi senza che Amma ve l'abbia detto, sarebbe sbagliato. Tuttavia nessuno di voi ha agito in questo modo, quindi non vi preoccupate.

Alcuni vedono Amma come Dio che è al di là di ogni cosa, e credono che nulla possa toccarla. La ritengono onnipotente e sanno che Amma può vivere anche senza mangiare né dormire perché la sua energia è inesauribile. La considerano il *Brahman* supremo, l'Assoluto. Anche un tale atteggiamento è corretto.

Mentre un devoto vede sia l'aspetto esteriore che quello interiore del Signore, le persone che considerano Dio come il *Brahman* assoluto, vedono soltanto quello interiore. Sia per Gayatri che per voi, la Madre è il vostro Signore adorato, Dio onnipotente. Lei è tutto per voi.

Figli, Amma sa che sia Gayatri che voi avete molto a cuore la salute di Amma, ma l'altro giorno voi eravate identificati con il momento presente, dimentichi di tutto il resto. Per contro Gayatri era preoccupata per il corpo di Amma perché prendersene cura è la sua *sadhana*. Ad ogni modo, sia questo oblio che questa identificazione sono fenomeni che accadono sporadicamente, mentre invece dovrebbero avvenire costantemente: solo così potrete avere un assaggio dell'amore supremo".

I *brahmachari* erano molto felici di sentire che non avevano commesso un errore lasciando Amma sotto la pioggia, non pregandola di mettersi al riparo, e la spiegazione che ricevettero li liberò da ogni senso di colpa.

Dietro richiesta di Amma, uno dei *brahmachari* cantò *Mara yadukula hridayeswara*.

Mara yadukula hridayeswara

O sommo Incanto, Signore dei cuori degli Yadava,
hai la carnagione del colore delle nuvole cariche di pioggia
e custodisci la dea Lakshmi nel Tuo cuore.
O Signore dagli occhi di loto, dove sono le Tue dita
che accarezzano il flauto producendo tenere ninnenanne?

Hai vissuto a Vrindavan come figlio di Nanda
e danzato e giocato nei cuori
del Signore Chaitanya e di altri.
Tu sei l'alfa e l'omega.
A Te che sei profondamente legato ai Tuoi devoti,
noi offriamo la nostra adorazione, le mani giunte.

Verso le tre del pomeriggio Amma camminava nel palmeto. Sebbene sembrasse piuttosto normale, c'era qualcosa d'insolito nel suo comportamento. Si poteva capire che stava dimorando in uno stato superiore di coscienza, poiché gli *ashramiti* avevano già avuto occasione di osservarla in quello stato. Si tratta di uno stato particolare in cui risiede nella quiete assoluta della sua vera natura pur continuando a muoversi. Questo modo di essere durò per qualche tempo.

Alcuni minuti dopo, la Madre si fermò vicino a una giovane palma da cocco e guardò la cima dell'albero. In alto, su un ramo, un gufo era assalito da uno stormo di corvi che, come impazziti, gracchiavano furiosamente mentre colpivano selvaggiamente con il becco questo uccello indifeso. Sembrava inevitabile che l'avrebbero ucciso.

Amma raccolse una pietra e la lanciò contro i corvi che, incuranti, continuarono ad attaccare. A quel punto la Madre prese diverse pietre e le lanciò rapidamente contro i corvi che accettarono la sconfitta e volarono via, abbandonando il gufo.

Ma il povero uccello, sbattendo debolmente le ali, cadde ai piedi della Madre. Coperto di ferite, il gufo giaceva immobile sul terreno. Amma si sedette e prese l'uccello sanguinante tra le mani, accarezzandolo con compassione. Con un'espressione triste sul volto, lo pose dolcemente sulle sue ginocchia. "Gayatri", chiamò Amma, "porta dell'acqua calda e degli asciugamani".

Uno dei *brahmachari* corse da Gayatri e le riferì la situazione. In pochi minuti la ragazza arrivò con dell'acqua calda e qualche asciugamano. Nel vedere la gonna bianca della Madre coperta di sangue, Gayatri si lasciò scappare queste parole dalla bocca: "Oh no, la tua gonna è coperta di sangue, Amma; ora è rovinata!".

Nel sentire questo commento, Amma le lanciò uno sguardo severo. Nulla dell'amore e della compassione che aveva negli occhi per il gufo trasparivano dall'occhiata che rivolse a Gayatri. Sembrava piuttosto un avvertimento, del tipo: "Aspetta che abbia finito di prendermi cura di questo povero uccello indifeso!". Cogliendo il messaggio dietro a quello sguardo, Gayatri impallidì.

Con l'acqua calda e l'asciugamano, Amma pulì le ferite del gufo con grande amore e premura, lavando ogni volta l'asciugamano macchiato di sangue in un recipiente diverso. L'attenzione che mostrava per questo gufo apparentemente insignificante era tale che tutti avevano l'impressione che lei stesse curando uno dei suoi figli. La Madre non pronunciò nemmeno una parola mentre si occupava del gufo. Quando ebbe rimosso tutto il sangue e le ferite furono pulite, Amma gli asciugò il corpo con un asciugamano pulito e poi chiese a Nealu di portarle della polvere di curcuma. Il giovane tornò con un sacchetto di curcuma in polvere già pronta, comprato al mercato. Questo però non era quello che Amma intendeva: "Non va bene", disse, "vai a prendere una radice secca di curcuma, grattugiala e portamela".

In pochi minuti fu pronta e la Madre applicò personalmente la polvere di curcuma su ogni ferita dell'uccello: sotto le ali, sulla testa, vicino agli occhi e sul collo. Cercò con cura tutte le ferite per applicarvi la polvere di curcuma. L'uccello era sempre sulle sue ginocchia, in silenzio, senza sbattere le ali, immobile. Sembrava più nella beatitudine che nel dolore e si aveva l'impressione che adesso stesse perfino bene. Dopo aver applicato accuratamente la polvere su ogni ferita, Amma chiuse gli occhi e restò seduta in meditazione per qualche istante, tenendo l'uccello in grembo. Quando aprì gli occhi, accarezzò ancora una volta il dorso del gufo e poi affidò l'uccello a Balu dicendogli di averne cura fino al calare della notte. Senza alzarsi da dov'era, Amma si lavò le mani.

Gayatri le ricordò la gonna macchiata di sangue: "Amma, non vuoi cambiarti la gonna?". Come se aspettasse solo queste parole, Amma ribatté: "No, Amma non vuole cambiarsi. Vuole tenere il sangue sui suoi vestiti per ricordarsi di questa povera creatura indifesa e del dolore che ha sopportato, simbolo del dolore e dell'angoscia dell'intera creazione. Questo fatto le rammenta le persone indifese che sono nel dolore e nella sofferenza e in tal modo può ricordare la necessità di provare compassione e di esprimerla a tutte le creature, per quanto insignificanti e inutili possano apparire. È davvero doloroso per Amma vedere quanto i suoi figli siano egocentrici. Invece di provare compassione per questo uccello indifeso, Gayatri è più preoccupata per i vestiti di Amma. Che tristezza pensare che i figli di Amma, dei cercatori spirituali, non sentano il dolore di altre creature!".

Il capo chino, Gayatri sedeva senza dire una parola. Un pesante silenzio pervase l'atmosfera e ognuno iniziò a sentire un po' dell'interesse premuroso della Madre per tutta la creazione. Amma suscitava timore e rispetto. Era impressionante. Le lacrime le rigavano il volto, ma nessuno ne capiva la ragione. Chi potrebbe comprendere il significato delle lacrime di un essere così pieno di compassione?

Ogni cambiamento d'umore della Madre ha un impatto sull'atmosfera circostante. Il suo umore si riflette inevitabilmente su quelli che le sono vicini.

Amma ricominciò a parlare: "Il pensiero che i suoi figli non siano capaci di sentire compassione, che non riescano a mettersi nei panni dell'altro, è estremamente doloroso per Amma. Senza l'amore e la compassione, il mondo non può esistere. Tutta l'esistenza è in debito con i *Mahatma* per l'amore e la compassione che hanno riversato sul creato. Questo creato e tutte le creature sono un'espressione della compassione. Coloro che hanno realizzato il Sé non vogliono scendere da questo stato. Sono andati al di là. Sono nell'aldi là. *Sono* l'aldi là.

Ciò che è al di là è lo stato di quiete, lo stato di Unità. In tale stato non c'è né movimento né pensiero perché non c'è la mente. Per provare compassione e sentire amore è necessaria la mente o un pensiero, occorre un *sankalpa* (intenzione). Da quello stato senza pensieri dove non c'è la mente, dallo stato di perfetto riposo senza nessun movimento, i *Mahatma* scendono di un gradino, forse più di uno, per la compassione che sentono per coloro che sono afflitti e brancolano nel buio. I *Mahatma* non hanno mai avuto il desiderio di scendere. Perché dovrebbero, quando sono tutt'uno con l'eternità? Perché dovrebbero preoccuparsi degli altri? Perché la Coscienza dovrebbe interessarsi del creato? Nello stato di Unità non vi sono sentimenti, non c'è né la compassione, né la mancanza di compassione. Viene creata una mente perché si possa provare compassione, sentire amore e sollecitudine per l'umanità sofferente. Per loro volontà, i *Mahatma* creano un corpo attraverso cui esprimere la compassione e l'amore. Una volta che la compassione sorge interiormente, queste Grandi Anime scendono sul piano di coscienza umano. Perché lo fanno? Ci avete mai pensato? Lo fanno solo per generare in voi lo spirito d'amore e di compassione".

La Madre fece una pausa. Uno dei *brahmachari* le chiese: "Amma, sembra che anche tu non volessi scendere, avresti preferito rimanere in quello stato di Unità. Com'è avvenuta tale discesa? Com'è sorta questa compassione?".

Amma, questo Essere compassionevole, disse: "La Madre ha sentito una storia che racconta cosa accadde dopo che Buddha raggiunse l'Illuminazione. Ascoltate attentamente.

Dopo anni di *tapas*, Buddha ottenne l'Illuminazione. Prima di allora, era rimasto in silenzio per molti giorni. Non voleva parlare. Desiderava unicamente perdersi in uno stato di unità con la Coscienza e così osservava il silenzio. Gli esseri celesti erano molto preoccupati e, inquieti, si chiedevano se Buddha avrebbe mai ripreso a parlare. Sapevano che la sua Illuminazione era un dono molto, molto raro. Volevano dunque che parlasse, in modo che il mondo intero e le sue creature beneficiassero di questa sua esperienza. Se non l'avesse fatto, sarebbe stata una perdita tremenda per il mondo.

Perciò gli dèi scesero dal cielo e apparvero davanti a lui. Inchinandosi davanti a questa Grande Anima, lo pregarono ripetutamente di parlare. Dissero: 'Venerabile, Ti preghiamo, parla. La tua esperienza è rara e ineguagliabile. Mostra quindi la tua compassione. Molti sono nel dolore e nell'angoscia e anche solo una tua parola infonderà loro speranza. È sufficiente la tua presenza per recare loro pace e serenità. Anche i cercatori della Verità hanno bisogno del tuo aiuto. Guidali verso la realizzazione del Sé. Una tua parola, un tuo sguardo, un tuo tocco sarà per loro come una pioggia d'ambrosia. Ti prego, parla, o Grande Anima'.

Inizialmente Buddha, l'Illuminato, non prestò alcuna attenzione a queste preghiere, ma poiché insistevano, cercò di spiegare loro che nessuna sua parola avrebbe potuto esprimere fino in fondo la sua esperienza della Verità. Gli dèi continuarono a implorarlo: 'Pensa all'umanità sofferente', dissero, 'abbi compassione di chi è nell'angoscia, nella disperazione, di chi non ha nessuno che lo conforti, che gli dia pace. Pensa a quelli che cercano la Verità e hanno estremo bisogno di qualcuno che li guidi verso la meta. Qualcuno deve mostrare loro il cammino. Se nessuno li aiuta, un giorno potrebbero guardarsi indietro e pensare: 'Ho aspettato così a lungo per cercare di raggiungere lo stato di Perfezione. E se non esistesse? Forse non c'è nessuna realizzazione del Sé e quindi perché continuare a perdere tempo?'. In quello stato di frustrazione e di delusione potrebbero perfino ritornare nel mondo della pluralità. Pensaci, Venerabile, pensaci. Pensa a questa gente. Abbi pietà di loro, mostra loro la Tua compassione e parla. Uno sguardo, una parola o un tocco di un Essere come Te è sufficiente perché essi raggiungano la meta. È sufficiente che una sola anima si realizzi perché il resto del mondo ne tragga beneficio'.

A poco a poco il cuore di Buddha si riempì di compassione e così, dopo aver fatto esperienza della Verità suprema, dopo avere gustato lo stato di pienezza interiore ed esteriore e raggiunto l'Unità con l'Essere Supremo, scese dal suo stato.

In questa storia, le preghiere e le suppliche degli dèi rappresentano l'appello interiore e l'ardente desiderio dei *sadhak* e delle persone sincere che, avendo fede nell'esistenza di un potere supremo, hanno un bisogno disperato della grazia di Dio e di una guida. Da sempre vi sono persone che anelano ad avere un'esperienza tangibile di Dio. Vedendo le potenze negative che cercano di distruggere i valori più alti della vita, avvertono il pressante bisogno interiore di un rinnovamento spirituale. La forza del loro appello e delle loro preghiere suscitano onde di compassione nella mente di una Grande Anima ed è questo appello che spinge un *Mahatma* a scendere".

Un *brahmachari* disse: "Amma, sono confuso: a volte dici che quando si raggiunge la Realizzazione si diventa pieni d'amore e di compassione e che non resta che amore in una tale persona, altre che in quello stato di Unità non c'è né amore né mancanza d'amore, né compassione né mancanza di compassione. Mi sembra che ci sia una contraddizione. Amma, per favore, chiariscimi questo punto".

"Figli", disse Amma, "una volta raggiunta la Realizzazione, la maggioranza degli esseri si fonde nell'eternità. Pochissimi s'incarnano. A chi piacerebbe ridiscendere dopo essersi immersi nell'Oceano della Beatitudine? Per discendere da questo stato ultimo, uno stato senza ritorno, è necessario avere qualcosa a cui aggrapparsi, una ferma risoluzione, un *sankalpa*. Soltanto un piccolo numero, capace di formulare il *sankalpa* di scendere, s'incarnerà. Questo *sankalpa*, questa risoluzione mentale, è l'espressione della compassione, dell'amore e del servizio altruistico all'umanità sofferente. Se non volete ascoltare e rispondere alla chiamata di quei cercatori sinceri e al grido di coloro che soffrono nel mondo e preferite dimorare in quello stato impersonale senza desiderare di esprimere la compassione, non c'è problema. Potete rimanere nell'aldilà.

Quando scendete, un velo viene volutamente steso al fine di permettervi di operare nel mondo senza impedimenti né interruzioni. Tale velo può essere rimosso in ogni momento. Consapevolmente, non prestate alcuna attenzione all'altro lato del velo. Ciò nonostante passate da una parte all'altra del velo, facendo comunque in modo di ritornare. Il solo pensiero o ricordo dell'altra parte può elevarvi all'istante su quel piano.

Una volta scesi, reciterete bene la vostra parte. Vivrete e lavorerete sodo per elevare tutta l'umanità. Incontrerete problemi, ostacoli e situazioni difficili. Dovrete anche affrontare l'insulto, lo scandalo e la calunnia, ma poco vi importerà perché, sebbene esternamente sembrerete come tutti gli altri, internamente sarete completamente diversi. Dentro di voi sarete uno con la Verità suprema e quindi nulla vi toccherà, nulla vi turberà. Vi siete fusi con la sorgente stessa dell'energia e lavorerete instancabilmente. Curando e lenendo le ferite di coloro che vengono a voi, donerete pace e felicità a tutti. Il vostro modo di vivere, la vostra rinuncia, il vostro amore, la vostra compassione e il vostro altruismo saranno un esempio per quelli che desiderano avere la vostra stessa esperienza.

Se lo desiderano, questi esseri compassionevoli e pieni d'amore possono anche disinteressarsi del mondo, rimanere nella non dualità e fondersi nella Coscienza suprema in cui non c'è né amore né mancanza d'amore, né compassione né mancanza di compassione.

Per esprimere compassione e amore, servire altruisticamente ed ispirare negli altri il desiderio di sviluppare queste qualità divine, bisogna avere un corpo. Una volta incarnati, le cose devono seguire il loro corso naturale. Il corpo di un *Mahatma* è diverso da quello di una persona comune. Se vuole, una Grande Anima può conservare il corpo finché lo desidera, senza cadere malato né soffrire. Ma un *Mahatma* lascia volontariamente che il corpo attraversi tutte le esperienze di un essere umano normale. In questo sta la sua grandezza.

Krishna non fu forse ferito durante la battaglia del Mahabharata? Non lottò forse diciotto volte contro Jarasandha, quel re potente e crudele? Infine Krishna lasciò diplomaticamente il campo di battaglia. Avrebbe potuto uccidere Jarasandha se avesse voluto, ma non lo fece. Lo lasciò fare a Bhima, il secondo dei fratelli Pandava.

Ricordate che fu una freccia scoccata da un comune cacciatore a porre fine alla vita terrena di Krishna. Gesù fu crocifisso. Entrambi potevano opporsi alle circostanze che avrebbero messo fine alla loro vita in un corpo fisico, ma lasciarono che le cose seguissero il loro corso, si lasciarono portare dalla vita. Scelsero di essere com'erano e permisero agli eventi di accadere. Erano pronti ad abbandonarsi,

ma questo non significa che il corso naturale delle cose fosse inevitabile o ineluttabile per loro, come succede agli esseri umani
ordinari. Assolutamente no. Se avessero voluto, avrebbero potuto
evitare tutte le esperienze amare. Essendo onnipotenti, avrebbero
potuto distruggere senza sforzo i loro avversari, ma volevano dare
un esempio, mostrare al mondo che è possibile vivere i più alti valori
della vita anche in mezzo alle difficoltà dei comuni esseri umani.
Ma tenete a mente che, se necessario, avrebbero violato le leggi
della natura. L'avrebbero potuto fare. Ricordate di come Sri Rama
era pronto a prosciugare l'oceano[2] e di come Sri Krishna sollevò la
montagna Govardhana con il mignolo[3]".

Amma s'interruppe e chiese a *brahmachari* Rao di cantare
Mukha ganam pativarum.

Mukha ganam pativarum

O api della tristezza, melodie prive di parole,
non vorreste venire nella dimora della Madre Divina?
La Madre Divina è scesa sulla Terra.
Non dobbiamo più peregrinare
per le strade polverose di questa terra.

La Dea è arrivata
con i fiori della primavera,
i giorni passati non torneranno mai più.
Suvvia, andiamo in questa Dimora divina.

---

[2] Quando Sri Rama, un'incarnazione del Signore Vishnu, raggiunse la riva
dell'oceano che doveva attraversare per arrivare a Lanka e ritrovare Sita, la
sua sposa, pregò il dio dell'oceano di aprirgli un varco. Ferito dalla sua indifferenza, Sri Rama minacciò il dio dell'oceano finché costui apparve, aprì un
passaggio tra le sue acque e permise di costruire un ponte che lo attraversasse.
[3] Per distruggere l'orgoglio di Indra, il re degli dèi, Sri Krishna ordinò che
il culto annuale di Indra da parte dei pastori fosse invece reso alla collina
Govardhana. Infuriato, Indra fece scendere

Riempiamo dunque il nostro cuore
di nuove parole di saggezza.
Colmi della beatitudine del Sé,
proclamiamo che il complesso corpo-mente
non potrà mai essere "Quello".

Dopo il canto, Amma riprese a parlare: "Figli, potete realizzare la Verità più alta e tuttavia mancare di compassione. Senza provare amore né preoccuparvi per l'umanità sofferente potete rimanere nello stato di Unità. Sarete come un fiore di loto che sboccia su qualche picco nascosto dell'Himalaya, oppure come un lago d'acqua pura e cristallina nascosto in una foresta fitta e inaccessibile. Oppure come un albero da frutto colmo di frutti maturi in mezzo a un fitto bosco. Nessuno potrà godere della bellezza e del profumo di quel loto, nessun'ape ne succhierà il nettare, nessuno andrà a bagnarsi in quel lago o a berne l'acqua. Nessuno assaporerà il frutto dolce e delizioso di quell'albero inaccessibile. La vostra esistenza sarà ugualmente piena, cristallina e pura perché avete raggiunto la meta.

Per contro, colui che prova compassione e ha il cuore pieno d'amore e di sollecitudine, è come un fiume che scende dalla montagna più alta. Potremmo paragonarlo al Gange. Dopo essere asceso e avere raggiunto la suprema vetta della beatitudine, mosso a compassione, costui scende dalla cima perché anche altri possano bagnarsi nelle sue acque, dissetarsi e nuotare. È come un albero da frutto che cresce sul ciglio della strada, offrendo i suoi frutti a tutti. I viaggiatori stanchi possono gustarne i frutti e placare la loro sete e la loro fame. Potremmo paragonare questa Grande Anima a un meraviglioso fiore di loto sbocciato nel laghetto di un tempio. La gente può andare a vederlo per ammirare la sua bellezza e deliziarsi del suo profumo, sentendosi appagata. Come le api raccolgono il polline per fare il miele, così la gente si raccoglierà intorno a un Essere così pieno di compassione, aspettando le perle di saggezza che scaturiscono dalle sue labbra. Tali Anime divengono loro stesse l'oblazione in sacrificio per il mondo. Si erano già completamente abbandonate a tutta l'esistenza e ora, per compassione, si offrono di nuovo al mondo, mantenendo tuttavia il silenzio".

La spiegazione di Amma era così incisiva e luminosa che tutti erano seduti, completamente assorbiti dalle sue parole. Chi altro avrebbe potuto esporre con tale chiarezza e convinzione quelle verità che sono "più sottili di ciò che è più sottile", se non chi per propria volontà può muoversi agevolmente tra questi due piani di coscienza?

Un *brahmachari* disse: "Amma, stavi parlando della tua stessa esperienza. Ci hai raccontato come sei scesa e hai assunto questa forma umana per pura compassione e puro amore per noi, che brancoliamo nel buio. Amma, come potremo mai ripagarti per tutto quello che sopporti per noi? Amma, come possiamo sviluppare questo amore e questa compassione? O Amma, Amma, Amma". Il *brahmachari* scoppiò in singhiozzi.

Come una madre piena di premure per suo figlio, Amma lo consolò, gli asciugò le lacrime con le sue stesse mani e pian piano il pianto cessò. La Madre esprimeva così in modo molto toccante la sua compassione e il suo amore per i propri figli.

Dimenticare per ricordare Dio

Un altro *brahmachari* fece questa domanda: "Amma, ti ho sentito parecchie volte dire che bisogna 'dimenticare per poter ricordare Dio'. Cosa intendi?".

Amma spiegò l'apparente paradosso: "Figli, è necessario dimenticare, non soltanto per ricordare Dio, ma anche per compiere qualsiasi lavoro con concentrazione. Se mentre state studiando cominciate a pensare al calcio oppure alle scene di un film che avete visto, vi sarà impossibile apprendere. Leggerete meccanicamente e, dato che la mente è altrove, ciò che studiate non vi entrerà in testa.

Quando è in laboratorio impegnato a fare ricerca, uno scienziato si dimentica completamente del mondo esterno. Nel laboratorio possono accadere tante cose, ma lui non vedrà né sentirà nulla mentre svolge la sua attività. Quando esamina al microscopio le cellule del corpo umano, non è neppure consapevole del microscopio, completamente assorto nelle minuscole cellule che sta studiando.

Allo stesso modo, nella vita di tutti i giorni questo 'dimenticare e ricordare' avviene continuamente. Ad ogni istante dimentichiamo una cosa per ricordarne un'altra. Dimentichiamo la famiglia per ricordare l'ufficio, dimentichiamo nostra moglie per ricordare i figli. I figli sfumano e appare la moglie. Tutto questo accade ad ogni istante, attimo dopo attimo, anche se non ne siamo coscienti. È quindi chiaro che nella vita quotidiana è necessario dimenticare per ricordare qualcosa. E lo stesso vale con Dio. Per poterLo ricordare bisogna dimenticare il mondo perché quando vediamo il mondo dimentichiamo Dio, a meno che non siamo in grado di vedere il mondo come la forma visibile di Dio.

Ricordare costantemente il Divino significa scordare costantemente il mondo e i suoi oggetti. Ricordare concentrati un solo oggetto aumenta la distanza che c'è tra due pensieri. Spesso sogniamo ad occhi aperti, pensiamo e rimuginiamo su diverse cose, persone, luoghi e così via. Il mondo esiste in noi sotto forma di pensieri e di idee. Il mondo è pensiero. Il più grande ostacolo che ci impedisce di ricordare Dio è il pensiero, il continuo pensare e sognare ad occhi aperti, l'abitudine di cercare di comprendere le cose. I nostri pensieri si susseguono uno dopo l'altro, senza un filo logico: in questo momento pensiamo a nostro figlio che vive all'estero, sogniamo di raggiungerlo e di vivere con lui il resto della nostra vita; poi ci mettiamo a fantasticare su quel Paese, quanto ci piacerà e quanto ci divertiremo. Subito dopo il nostro pensiero va allo zoo visitato l'altro giorno e agli scimpanzé visti in una delle gabbie: come saltavano da una parte all'altra, com'era divertente vederli mangiare le noccioline che gli porgevamo e come si grattavano. Nell'attimo successivo appare il ricordo del giorno del nostro matrimonio. Così opera la mente della maggior parte delle persone, intrappolate nei loro pensieri.

Se guardate con attenzione, se avete una vista sottile, vi accorgerete che c'è un intervallo tra un pensiero e l'altro. Questo spazio è minuscolo, più sottile dello spessore di un capello, ma esiste. Se riuscirete a tenere a freno i pensieri che adesso scorrono incontrollati, questo spazio aumenterà. Per riuscirci, la mente deve focalizzarsi su un unico pensiero. Non deve soffermarsi su molteplici pensieri, ma su un solo pensiero, che identifichiamo come 'ricordo di Dio'. Possiamo chiamarLo con il nome di Rama, Krishna, Cristo o Buddha, qualunque sia il nome della vostra divinità beneamata. Rammentare quel nome ci permette di smettere gradualmente di sognare ad occhi aperti. Ogni altro pensiero svanisce e, a tempo debito, il Suo ricordo diverrà costante. Ricordando costantemente il Divino, dimentichiamo il mondo e le sue vicende e tutti i pensieri sono sostituiti da un unico pensiero: Dio. Lo potete chiamare Rama, Krishna, Buddha o Cristo. Indipendentemente dal nome scelto, l'intensità di una tale concentrazione vi porta a ricordare costantemente il Divino".

Il *brahmachari* era dubbioso: "Cosa si ottiene facendolo? Che beneficio traiamo dal dimenticare per ricordare?".

Amma rispose: "Immagina di stare costruendo la tua bellissima casa. Il sogno della tua vita si sta avverando. Avevi sempre sognato quella casa fantastica, incurante spesso di tutto il resto. Cosa ci guadagni quando è ultimata e vai ad abitarci? Sarai felice e contento, non è vero? Allo stesso modo, nel ricordare costantemente Dio e dimenticare il mondo otterrai la pace e l'appagamento nel Sé. La soddisfazione che provi trasferendoti nella tua nuova dimora sarà di breve durata perché un altro desiderio prenderà ben presto il posto di quello esaudito. Per contro, la pace e la soddisfazione che provi ricordando assiduamente Dio e dimenticando ogni altra cosa, ti donerà una pace e una gioia durature.

Qual è la più grande aspirazione dell'essere umano? Cosa manca maggiormente in questo mondo? La pace, non è vero? Da nessuna parte è possibile trovarla, né all'esterno né all'interno. Per vivere appieno, è indispensabile che ci siano pace e amore. La pace non si ottiene soddisfacendo tutti i desideri né risolvendo ogni problema. Finché esiste la mente, ci saranno desideri e problemi. La pace si manifesta quando tutti i pensieri si calmano e si trascende la mente; sopraggiunge quando si ricorda Dio dimenticando al tempo stesso il mondo.

Chi ha raggiunto la pace interiore è rilassato. La sua vita è equilibrata. Non è mai esaltato né troppo ansioso e non si rattrista pensando al passato. Affronta le situazioni che la vita gli presenta con calma e intelligenza perché vede le cose con molta chiarezza. Nessun pensiero superfluo annebbia la sua mente né la visione delle cose. Ricordate: nella vita, costui avrà gli stessi problemi degli altri, ma il modo in cui li affronta sarà diverso. Il suo atteggiamento sarà differente. Ogni sua azione avrà un fascino e una bellezza particolari. Qualunque siano le circostanze, rimarrà imperturbato.

Figli, esercitatevi a ricordare che voi siete il Sé e che appartenete a Dio. Sforzatevi di dimenticare di essere il corpo, di essere lontani da Dio o che nessuno si prende cura di voi".

L'amore e la ragione

Amma smise di parlare e *brahmachari* Pai intonò spontaneamente un canto. Tutti, inclusa Amma, si unirono con gioia a lui. Cantarono *Hariyute kalil.*

Hariyute kalil

Senza cadere ai piedi del Signore (Hari),
nulla può estinguere
il fuoco del dolore, della trasmigrazione.
Senza prostrarsi perennemente al Guru
nessuno otterrà la beatitudine della Liberazione.

Nessuno può giungere al Signore
senza essere assorbito nella recitazione del Suo Nome.
Senza fondersi nella dolcezza della devozione,
nessuno può ottenere lo stato della Liberazione.

Colui che non medita, non pratica il japa
o un'altra sadhana, non gusterà
il nettare della beatitudine.
Senza rettitudine né compassione
non è possibile adempiere al dharma.

Senza rinunciare a tutti gli attaccamenti
è impossibile estinguere il fuoco della trasmigrazione.
Senza estirpare la nostra gelosia,
Dio non potrà apparire davanti a noi.

Dopo il canto, un *brahmachari* fece il seguente commento: "Conoscere Dio o il Sé è una questione di completa fede, abbandono di sé e puro amore, non è così? Gli intellettuali considerano però queste tre qualità irrazionali e illogiche".

Prontamente Amma rispose: "I cosiddetti intellettuali non potranno mai gustare la vera vita. Se vogliamo vivere in modo autentico, non possiamo fare a meno dell'amore. La fede ha bisogno dell'amore e l'amore ha bisogno della fede. Anche l'abbandono di sé richiede fede e amore. Tutte queste qualità risiedono nel cuore, non nell'intelletto.

L'amore, l'abbandono di sé e la fede sono quasi impossibili per una persona razionale, per chi calcola e analizza sempre ogni cosa. Come può costui amare? Non c'è nessuna logica nell'amore. Non potete analizzare l'amore. L'amore è un sentimento, un sentimento profondo. Non potete vedere né toccare l'amore, ma potete provarlo e la sede di ogni sentimento è il cuore. Per amare bisogna essere capaci di sentire ed esprimere ciò che si prova.

Figli, cosa accadrebbe se una donna si innamorasse di un uomo dominato dalla razionalità e gli chiedesse di sposarla? Costui potrebbe rispondere: 'Un attimo, lasciami riflettere. Ho bisogno di analizzare la situazione e pensare se questo matrimonio potrebbe funzionare o no. Devo ragionarci su'. Questo uomo potrebbe addirittura scrivere un saggio in cui analizza il successo e il fallimento delle storie d'amore e dei rapporti coniugali. Molto probabilmente la sua conclusione sarà: 'L'amore è irrazionale. L'amore non esiste, è pura immaginazione perché non lo si può vedere, toccare o respirare; quindi è un'illusione. È qualcosa di impossibile'.

L'amore accade, semplicemente. Nessuno si sofferma a pensare a come amare o a quando e dove amare. In amore, nessuno si comporta razionalmente. Il pensiero razionale è di ostacolo all'amore. L'amore è uno slancio improvviso del cuore, un inevitabile e imperioso richiamo struggente all'unione. È privo di logica. L'amore è al di là di ogni logica, perciò non cercate di essere razionali in questo campo. Farlo, sarebbe come voler spiegare perché il fiume scorre, la brezza è fresca e gentile, la luna splende, il cielo è immenso, l'oceano è vasto e profondo o il fiore è profumato e bello: la razionalità uccide la bellezza e il fascino di queste cose, che devono essere assaporate, vissute, amate e sentite. Se provate a razionalizzarle, perderete la bellezza e il fascino dei sentimenti che l'amore evoca. Sedete in riva all'oceano. Contemplatelo. Percepite la sua immensità. Ascoltate le onde che si sollevano e si abbassano. Entrate in contatto e lasciatevi stupire dalla creazione e dal creatore di tale magnificenza. Quale utilità ne trarreste razionalizzando sull'oceano, cercando di spiegarlo con la ragione? Razionalizzare distrugge la bellezza. L'affidarsi esclusivamente alla logica uccide la poesia, la musica, la pittura e il canto; rovina tutto ciò che è bello in natura. La poesia, la musica, la pittura, la scultura e il canto scaturiscono dall'amore. Queste arti sono un'espressione della persona che le esercita: è il cuore dell'artista che viene espresso nell'arte. Costui riversa se stesso nella sua arte e in essa scompare. Rimane solo la poesia. Solo la musica esiste. Soltanto l'amore esiste.

La fede e l'abbandono di sé fanno parte dell'amore. Amore, fede e abbandono di sé sono interconnessi e interdipendenti, essendo tutte espressioni del cuore. Avere fede significa credere a ciò che sentite e questo sentimento non è visibile né tangibile, è un'esperienza. Proprio come l'amore, anche la fede è un'esperienza. L'esperienza di fede è personale e soggettiva. Colui che ha fede sa per esperienza diretta, non ha bisogno di nessuna prova. Se c'è una completa evidenza, una prova esteriore, allora non si parla di fede, ma di un fatto. Quando ci sono i fatti, non occorre la fede. Ad esempio, il sole esiste. La terra, le piante, gli alberi, i fiumi e le montagne esistono. Tutti questi sono fatti, non è necessario avere fede per credere nella loro esistenza perché la si può dimostrare. La fede opera quando la ragione fallisce. La fede e l'amore sono al di là della ragione. Il cuore prova amore e ha fede, ne fa l'esperienza.

La scienza ha ampliato enormemente le sue aree di indagine, ma restano ancora molte cose incomprensibili per l'intelletto umano, inspiegabili attraverso l'approccio scientifico. Sebbene la scienza abbia raggiunto livelli prima inimmaginabili, l'universo non rimane sempre un mistero? Malgrado il suo enorme sviluppo, la scienza non ha ancora colto neppure un frammento infinitesimale di ciò che l'universo è in realtà. Non è forse vero che la scienza ha fallito completamente nel suo tentativo di dare felicità e pace interiore agli esseri umani? Con tutte le sue razionalizzazioni, è forse riuscita a rendere l'umanità più umana? Lo sviluppo tecnologico e il progresso scientifico sono il risultato del nostro pensiero razionale, il prodotto dell'intelletto, ma la preponderanza dell'intelletto ha compromesso la qualità della vita, distruggendo l'amore, l'abbandono di sé e la fede in uno scopo più alto nella vita. Ha distrutto la bellezza e incoraggiato la crescita dell'ego, la sua vanità. E questa vanità è divenuta un ostacolo per noi".

Non del tutto convinto, il *brahmachari* che aveva posto la domanda fece un altro commento: "Sembra che Amma sia contro la scienza e il pensiero razionale. Non dovremmo considerare anche i benefici che la società ha tratto dalla scienza e dal pensiero razionale?".

Bonariamente, la Madre rispose: "Figlio, Amma non è contro la scienza né il pensiero razionale, non sta dicendo che la scienza ci ha portato alla rovina né che il pensiero razionale sia inutile. È indubbio che la scienza e la ricerca abbiano portato conquiste grandiose a tutto il genere umano. Ciò che Amma intende dire è che noi esseri umani non dovremmo dare eccessiva importanza alla scienza e al pensiero razionale, escludendo tutto il resto. Entrambi hanno un loro posto, rispettiamolo, ma non poniamoli a un livello troppo alto o troppo basso. Ricordate che la vita non è una macchina. La vita è pura coscienza, non cercate di rendere la vita meccanica. Non cercate di comportarvi come uno scienziato o un uomo d'affari o un direttore quando siete a casa. La famiglia non è una macchina e neppure voi lo siete. Vostra moglie non è una macchina e non lo sono neppure i vostri genitori o i vostri figli. Neanche voi lo siete. La vita non è una macchina. L'amore è necessario per mantenere vivo il focolare domestico, diversamente la casa diventerebbe un inferno.

Se siete un ricercatore, esprimete pienamente il vostro lato razionale in laboratorio o con altri scienziati. In questo contesto va benissimo mostrare questo aspetto della vostra personalità, ma quando rientrate a casa dovreste essere in grado di abbandonare questo ruolo. Tra le pareti domestiche ritornate alla vita vera. Dovreste potervi spostare dalla testa al cuore, avere la forza di non pensare più alla scienza e ai vostri esperimenti.

A casa non siete né uno scienziato né un ingegnere; lì le vostre ricerche o competenze tecniche non sono essenziali. È fuori luogo fare la faccia seria e accigliata in famiglia. Come sarebbe noiosa e arida la vita se, quando rincasate, andaste direttamente in camera vostra senza neanche dare uno sguardo o sorridere a vostra moglie e ai vostri figli. Pensate al malessere e alla tensione che un tale comportamento creerebbe nella vostra vita familiare. In una tale famiglia non si vedrebbe nessun volto sorridente. Un capofamiglia che passa tutto il tempo seduto pensieroso, con la mano che sorregge la testa e la mente rivolta al suo lavoro, non si mostra all'altezza dei suoi doveri di marito e di padre. Se non interagisce con la moglie e i figli, ci saranno tensione e stress e ogni membro della famiglia troverà noiosa e triste la vita in casa.

Quante famiglie si sfasciano per mancanza d'amore e di attenzioni? Quante mogli vengono da Amma e le dicono: 'Amma, mio marito non mi fa mai un sorriso, non mi parla mai con affetto e non ha alcuna attenzione per me. Mi è molto difficile vivere con lui. Cosa dovrei fare?'. In una tale situazione, alcune cercano un altro uomo oppure si drogano, o addirittura si tolgono la vita.

In alcuni casi, la vittima è il marito e molto spesso i figli sono abbandonati a se stessi e ignorati.

Figli, quello che Amma vuole dire è questo: scegliete pure l'ambito professionale che preferite, ma è importante che separiate la vostra vita lavorativa da quella familiare. Esercitate l'intelletto e la razionalità quanto vi piace, ma allo stesso tempo dovreste anche riuscire a poter mettere da parte l'intelletto e abbracciare l'amore e la fede quando lo desiderate. In qualsiasi momento dovreste poter trasformare un'espressione accigliata in un bel sorriso.

L'amore crea volti sorridenti e allegri e cuori compassionevoli e si esprime attraverso parole dolci e gradevoli. Potete scegliere tra la testa e il cuore, non c'è problema, ma occorre che siano fra loro in equilibrio perché se date ascolto unicamente alla logica e al pensiero razionale, finite nei guai. L'amore non crea problemi, li elimina. Nell'amore non ci sono problemi, paure, non c'è né inquietudine, né tensione, né collera. Affidarsi esclusivamente al pensiero razionale, all'intelletto, vi procurerà molte difficoltà e innumerevoli fastidi. Ricordate, la scelta è vostra: usate il vostro discernimento e scegliete. Ricordate, Amma non intende svilire la logica o la scienza, cerca solo di mettere in luce la pericolosa tendenza dell'era moderna che accorda eccessiva importanza alla ragione e alla logica a discapito dell'amore e della fede, che sono il collante che unisce il genere umano".

Erano quasi le cinque e trenta del pomeriggio. Amma uscì dal boschetto di palme da cocco e si incamminò verso la punta meridionale dell'ashram, dove le acque della laguna dividono la proprietà dalla terra dei vicini. Questi vicini erano devoti della Madre. Due delle loro ragazze, più anziane di Amma, le erano particolarmente devote. Negli anni in cui non c'era nessuno che si prendesse cura di Amma, furono queste due ragazze ad accudirla. La portavano spesso a casa loro, la lavavano e la nutrivano. Quel giorno, come se fossero lì ad aspettarla, le due giovani e l'intera famiglia andarono correndo all'estremità del loro terreno. La laguna li separava dalla Madre. Amma era molto felice e compiaciuta quando li vide. Chiamandoli dall'altra riva del canale, chiese loro come andavano le cose. Il figlio maggiore rispose che i pescatori di quella zona stavano attraversando un periodo molto duro. A causa delle piogge torrenziali e delle forti maree, da parecchio tempo non riuscivano a pescare neppure un pesce. "Che guaio! Cosa accadrà loro se le cose andranno avanti così?" disse la Madre. Dalle sue parole, si percepiva con chiarezza la sua grande tristezza. "Basterebbe che avessero cibo almeno per un giorno!"

La conversazione tra Amma e la famiglia continuò per un po'. Alla fine la famiglia se ne andò e la Madre si incamminò verso il boschetto di palme da cocco con le mani dietro la schiena. Quando arrivò all'angolo sud-occidentale dell'ashram si fermò e rimase a contemplare il mare, le onde e una lunga fila di pescherecci allineati lungo la costa.

La Madre restò per qualche tempo lì, senza muoversi. Forse stava pensando alla sfortuna dei pescatori e delle loro famiglie. Nel venire a conoscenza della loro situazione, Amma aveva mostrato subito un'estrema preoccupazione. Essendo nata e cresciuta in quel villaggio, conosceva le conseguenze di molti giorni senza una buona pesca. Come un serpente che solleva la testa prima di mordere, l'inquietante spettro della fame e della povertà si profilava all'orizzonte.

Durante i *bhajan* della sera, la Madre cantò *Ammayalle entammayalle.*

Ammayalle entammayalle

Non sei mia Madre?
Non sei la mia cara Madre
che asciuga le mie lacrime?
Non sei la Madre dei quattordici mondi,
la Creatrice dell'universo?

Da quanti giorni invoco Te,
la cui natura è Shakti?
Non verrai?

Tu ami soddisfare ogni desiderio.
La Creazione, la Conservazione e la Distruzione
non sono in Te?

Mentre cantava, la Madre piangeva. Erano lacrime di beatitudine oppure stava piangendo per i poveri pescatori, intercedendo in loro favore presso il Sé supremo?

Dopo il *bhajan* Amma chiamò Nealu e disse: "Figlio, il cuore di Amma sanguina pensando che i bambini della costa non hanno nulla da mangiare. Amma deve fare qualcosa altrimenti non avrà pace e non potrà né mangiare né dormire. Organizza per domani una distribuzione di riso ed altri alimenti".

"Come desidera Amma" rispose Nealu.

Le luci dell'ashram furono spente alle undici, ma a mezzanotte la lampada in camera di Amma era ancora accesa. Pioveva, ma attraverso il picchiettare della pioggia, un orecchio attento avrebbe udito il suono melodioso della *tambura* proveniente dalla stanza di Amma. In armonia con il delicato suono di questo strumento a corde, la Madre cantò *Kalina kananen kannukal*.

Kalina kananen kannukal

O Tu dalla pelle scura,
i miei occhi bruciano, colmi di lacrime,
anelano di poter vedere i Tuoi piedi.
O Tu dagli occhi di loto, vieni presto,
accompagnato dalle mucche
e dal suono melodioso del Tuo flauto.

Non avendo burro né latte da offrirTi,
Ti offrirò un po' del mio dolore.
O Kanna, ai Tuoi piedi
offrirò, come perle, le mie lacrime.

Da quanti giorni Ti sto chiamando?
Non hai neanche un po' di compassione?
Quale grande errore ho commesso?
Non sei tu l'Amato dei Tuoi devoti?

Forse Amma stava pregando per i pescatori. La notte oscura
avvolgeva con il suo manto il rumore della pioggia che cadeva,
il rombo delle onde dell'oceano e il canto di Amma. L'atmosfera
di quella notte di pioggia era piena di pathos. Attirati dal canto
della Madre, alcuni *brahmachari* si sedettero davanti alle loro capanne ad ascoltare. Lo stato interiore di Amma sembrava riflettere
l'angoscia e lo sconforto dei pescatori. Cos'altro poteva essere? La
sua mente, che è un tutt'uno con l'universo, sente e riflette tutto
ciò che avviene intorno a lei.

Capitolo 3

Tra la sorpresa generale, quel mattino apparve il sole. Che spettacolo meraviglioso dopo così tanti giorni di pioggia battente! I raggi del sole danzavano, luccicando sulle foglie bagnate, gli uccelli cinguettavano allegri e saltavano da un ramo all'altro. La giornata sembrava recare la promessa che la sorte dei pescatori sarebbe migliorata. Seguendo le istruzioni di Amma, fu organizzata una distribuzione di riso e altri alimenti per gli abitanti dei villaggi della costa.

Gli *ashramiti* attribuivano il cambiamento del tempo al *sankalpa* della Madre, messo in atto per migliorare la condizione dei pescatori e delle loro famiglie. Da quando aveva appreso la loro situazione drammatica, Amma sembrava molto scossa e aveva smesso di mangiare e di bere. I suoi canti erano simili a intense e imploranti preghiere rivolte a salvare gli abitanti dei villaggi dalla fame. La Madre stessa aveva immediatamente dichiarato che almeno per un giorno questa gente avrebbe dovuto avere cibo sufficiente. Di fatto, non piovve in quella giornata soleggiata e, cosa ancora più sorprendente, l'oceano non era più in burrasca. Nel pomeriggio i pescatori uscirono in mare e fecero una pesca molto fruttuosa, che salvò tante famiglie dalla carestia. Così la dichiarazione di Amma che avrebbero dovuto avere cibo sufficiente almeno per un giorno si avverò attraverso la distribuzione di alimenti e la pesca abbondante.

Il darshan iniziò verso le undici. Amma entrò nella capanna accompagnata da Shakti Prasad, un bambino nato da una coppia senza figli grazie alla benedizione della Madre. Il fanciullo teneva la mano di Amma e sembrava un piccolo *yogi*: intorno al collo aveva un *mala* di grossi semi di *rudraksha* e la fronte era segnata da lunghe e ampie strisce di cenere sacra. I devoti lo fissavano. Vedendo i loro sguardi incuriositi, Amma disse: "Ha insistito per indossare questo grande *mala* e applicare la cenere sacra". Amma sembrava molto contenta e compiaciuta da questo ragazzino, venuto a trascorrere qualche giorno con lei.

La Madre si sedette sul lettino e chiuse gli occhi per un po', in meditazione, mentre i *brahmachari* salmodiavano il *Guru Paduka Stotram*.

Guru Paduka Stotram

Om. Mi prostro a Te, mio diletto Guru,
ai Tuoi sandali.
Mi prostro ancora a Te,
Guru che non ha eguali, ai Tuoi sandali.
Sei il nostro Maestro,
il Signore che possiede ogni potere.

Mi prostro ancora ai Tuoi sandali,
mio diletto Guru.
Impregnati del potere di "aim" e "hrim",
i Tuoi sandali racchiudono tutta la gloria di "shrim"
e manifestano il profondo e supremo significato dell'Om.
Mi prostro ancora una volta
ai Tuoi sandali, mio diletto Guru.

I rituali intorno al fuoco,
le oblazioni offerte dai sacerdoti
e tutte le cerimonie religiose

sono in tal modo compiute.
I Tuoi sandali accordano la conoscenza del Brahman.
Mi prostro con grande reverenza
ai Tuoi sandali, mio diletto Guru.

Come un'aquila che uccide il serpente del desiderio,
i Tuoi sandali ispirano il distacco e la saggezza.
I Tuoi sandali concedono
la conoscenza e la liberazione immediate.
Mi prostro ancora una volta
ai Tuoi sandali, mio diletto Guru.

Come un solido vascello
che ci fa attraversare l'oceano della vita,
i Tuoi sandali risvegliano in noi la vera devozione per Te.
Sono il fuoco per le acque del dubbio.
Mi prostro ancora una volta
ai Tuoi sandali, mio diletto Guru.

I *brahmachari* continuarono a cantare i *bhajan* mentre Amma dava il darshan.

Sadhana e destino

Uno dei devoti aveva una benda sulla fronte e la Madre si premurò di conoscerne la ragione. Con un sorriso birichino sul volto, l'uomo rispose: "Tu conosci il perché, Amma. Senza di te non sarei qui oggi", e poi cominciò a raccontare come avesse avuto un incidente con la moto mentre rientrava dal lavoro. Nella fretta di tornare a casa per vedere il figlio che era a letto con la febbre alta e aveva il vomito, guidava a una velocità molto elevata sfidando la pioggia, incurante del traffico intenso. Mentre procedeva a zig zag tra i veicoli, improvvisamente un camion proveniente dalla corsia opposta apparve davanti a lui e lo investì. L'urto fu così violento che la moto rimbalzò contro il camion e il devoto fu scagliato via dalla sella.

"Pensai che sarei stato schiacciato dalle auto che stavano venendo verso di me a grande velocità", disse ad Amma, "Raccogliendo tutte le mie forze gridai: 'Amma, salvami! Proteggimi!'. Improvvisamente mi ricordai di mio figlio e gridai di nuovo: 'Amma, mio figlio!'. Chiusi gli occhi, aspettando di morire schiacciato dalle ruote di qualche pesante autocarro, ma non fu così. Avevo l'impressione di essere sorretto da mani invisibili. Mi sembrò di fluttuare o di volare nell'aria, mentre avevo la netta sensazione di essere cullato nelle braccia di qualcuno. Aprii gli occhi. Sentivo sempre quelle mani, ma non vedevo nessuno. Poi lentamente mi apparve un volto davanti agli occhi: eri tu, Amma. Eri tu.". L'uomo singhiozzava e si copriva il volto con entrambe le mani. "Non avrei più rivisto il tuo volto compassionevole", disse tra le lacrime, "Non avrei più rivisto mio figlio. Se fossi morto in quell'incidente, il suo cuore si sarebbe spezzato e anche lui sarebbe morto". Il devoto piangeva senza riuscire a controllarsi.

Come una Madre amorevole che consola il figlio prediletto, Amma gli strofinò la schiena e gli diede un buffetto sulla fronte dicendogli di non preoccuparsi perché non era successo niente di grave. Quando infine l'uomo si calmò, volle completare il suo racconto. Disse che, dopo aver visto il volto sorridente di Amma, aveva perso conoscenza. Quando aveva aperto gli occhi, era disteso sul prato a lato della strada, circondato da una folla di persone. Era rimasto sorpreso sapendo che tutto era avvenuto in pochi secondi.

Continuò: "Dai commenti della gente su come mi fossi salvato miracolosamente, capii che dovevano aver assistito all'incidente e a come fossi atterrato misteriosamente sul prato. Stavano per portarmi in ospedale quando all'improvviso mi sono alzato dicendo che stavo bene. Eccetto questa ferita alla fronte e un'altra al ginocchio sinistro non avevo subito altri danni. La notte scorsa i medici mi hanno visitato accuratamente e hanno concluso che non avevo niente. Amma, mi hai salvato la vita". Mentre pronunciava queste parole, i suoi occhi si riempirono nuovamente di lacrime.

La Madre chiese gentilmente: "Come va tuo figlio? Sta meglio?".

L'uomo rispose: "Per grazia tua, quando ieri sono finalmente tornato a casa, la sua febbre era scesa e oggi si sente molto meglio".

Dopo aver ascoltato questo racconto, un altro devoto si sentì indotto a porre una domanda sul destino: "Potremmo considerare il suo essere sfuggito alla morte unicamente come frutto delle sue azioni? È il risultato del *karma*? Questo uomo era destinato ad essere salvato da te o sarebbe dovuto morire?".

La Madre spiegò: "Era destino che questo incidente accadesse e lui sarebbe dovuto morire, ma alcuni mesi prima Amma l'aveva avvertito dicendogli che gli sarebbe capitato qualcosa di molto grave e gli aveva raccomandato di pregare e di meditare quanto più possibile. Lui ha obbedito e seguito tutte le istruzioni della Madre. Questa sua obbedienza, la sincerità e la devozione che ha mostrato gli hanno permesso di ricevere la grazia di Dio. È questa Grazia che lo ha salvato dalla morte. Non dimenticate però che c'è stato un terribile incidente. Questo uomo doveva fare tale esperienza anche se poi si è salvato grazie al suo sforzo personale. La sua sincerità e devozione hanno attirato su di lui la grazia di Dio e la sua vita è stata risparmiata. Figli, uno sforzo sincero e vigoroso può vincere anche il destino. Dio stesso muta il destino di chi si comporta in tal modo".

Il devoto sopravvissuto all'incidente riprese a parlare: "Cinque mesi fa, quando ricevetti per la prima volta il darshan di Amma, lei mi ammonì dicendomi di stare molto attento perché nel giro di pochi mesi avrei dovuto affrontare qualcosa di molto grave e pericoloso. Quando Amma seppe che possedevo una motocicletta, mi diede ancora un altro avvertimento, in particolare mi raccomandò di guidare lentamente e mi proibì addirittura di utilizzare la moto per dei lunghi tragitti".

L'uomo che aveva posto la domanda sul destino sollevò un altro punto: "Amma, tu hai detto che questo devoto ha seguito alla lettera le tue istruzioni e che per questo la Grazia ha potuto fluire verso di lui. Tuttavia in alcuni casi questo tipo di miracoli avviene anche prima che la gente ti incontri. Ho sentito molte testimonianze a riguardo, in cui le persone raccontano che Amma ha aiutato loro o qualcuno della loro famiglia anche se non ti avevano ancora incontrata. In questi casi, tu non gli avevi dato alcuna direttiva e loro non avevano svolto nessuna *sadhana*. Potresti chiarire questo punto?".

La Madre rispose: "È vero che alcune persone hanno tali esperienze prima ancora d'incontrare Amma. Figlio, ricorda che quelli che sono legati ad Amma in questa vita erano con lei anche nelle vite precedenti. Tu puoi vedere soltanto questa vita e quindi pensi che non conoscessero Amma prima, mentre invece erano già legati a lei. Non puoi dunque dire che queste esperienze siano avvenute prima che la incontrassero. Nessuno ricorda o conosce la sua connessione con Amma nelle vite precedenti. Ognuno ha un tempo predestinato in cui verrà da Amma. Alcuni vengono prima, altri dopo. Ma ognuno dei figli di Amma è sempre stato con lei. Giungono in momenti diversi, avendo sentito parlare di Amma, o dopo averne visto la fotografia, o anche dopo aver ascoltato una cassetta con dei suoi *bhajan*. In alcuni casi la gente viene da Amma dopo aver incontrato uno dei suoi figli, mentre altri diventano consapevoli del loro legame con lei dopo averla incontrata.

L'espressione 'prima di incontrare Amma', non corrisponde al vero: tutti i figli di Amma l'hanno già incontrata molto tempo fa.

Sebbene nessuno ne sia consapevole, la protezione di Amma c'è sempre stata. Avendo seguito le istruzioni ricevute da un Maestro in una vita precedente, le persone possono ora ricevere la grazia di Dio. Anche se non osservano le istruzioni di un Guru o non praticano una *sadhana* in questa vita, ricevono comunque questa Grazia per via dei meriti acquisiti in una vita precedente.

Non vedrai Amma dare loro delle direttive perché le hanno già ricevute. Non li vedrai neppure seguire nessuna indicazione avendolo già fatto. Poiché hanno accumulato abbastanza meriti nell'esistenza precedente, la grazia del Guru può fluire verso di loro in questa vita. In tali casi, il devoto deve avere senza dubbio compiuto quanto era necessario e adesso è pronto a raccoglierne il frutto che sicuramente arriverà. Se il *Mahatma* decide che il devoto otterrà il frutto del suo agire in una certa circostanza in questa vita, così avverrà. Il Guru è colui che accorda il frutto delle nostre azioni. Egli sa quando darlo. Tu vedi soltanto un minuscolo frammento della vita. Ricorda che questa tua esistenza è soltanto una parte infinitesimale di tutte le tue vite. Non valutare i fatti guardando solo questo minuscolo frammento. Inoltre, poiché sai vedere le azioni di un *Mahatma* solo dall'esterno, come puoi giudicarle? Il *Mahatma* è il solo che conosce ogni cosa che appartiene al passato, al presente e al futuro. Quindi, non giudicare il suo comportamento e non esprimere giudizi su chi merita o meno la grazia del Guru. Se abbiamo osservato le istruzioni del Guru, raccoglieremo i frutti, è indubbio. Si tratta, per così dire, di un debito che Amma deve saldare.

Figlio, non cercare di giudicare le cose prima di averne colto l'essenza. Tu non sai come andare in fondo alle cose perché sei sempre rimasto in superficie. Per giungere al cuore delle cose bisogna avere una mente sottile, un occhio sottile e una mente quieta. Una mente instabile non è in grado di andare in profondità, solo una mente acquietata può riuscirci.

Figlio, dovresti avvicinarti a ogni devoto, a ogni residente dell'ashram e chiedere loro del loro legame con Amma, quando l'hanno incontrata e da quanto tempo sono con lei. Domanda quali sono i loro sentimenti a riguardo. Tutti, senza eccezioni, risponderanno: 'Sono arrivato il tal giorno. Sto con Amma da otto, nove o dieci anni'. Poi aggiungeranno: 'Eppure ho la forte sensazione che il mio rapporto con lei esista da parecchie vite. Ho avuto questa impressione appena l'ho incontrata e anche Amma si è comportata con me con una tale familiarità che pareva conoscermi da prima'.

Anche tu senti lo stesso, non è vero? Perché? Questo senso di familiarità c'è in ogni relazione? No. In genere, quando incontriamo qualcuno, ci occorre del tempo per conoscerlo. Di solito abbiamo la sensazione che questa persona ci sia estranea e che noi lo siamo per lei. Nessuno dei figli di Amma ha questo sentimento nei suoi confronti: nessuno di loro dirà che Amma gli è estranea oppure che lei si è comportata come un'estranea. Perché? Perché è sempre stata con voi. Amma non vi ha mai lasciati. Tutti voi avete interiormente l'esperienza di essere già stati in contatto con Amma. Questa esperienza è latente, non si è ancora manifestata, lo farà a tempo debito.

Figli, il *Mahatma* o il Guru ha il potere assoluto di benedire o di elargire la Grazia. Può farlo quando vuole, ma può anche decidere di non intervenire. La Grazia è un fenomeno strano, non si può dire quando, dove o come si manifesterà. I calcoli umani non hanno alcun valore quando si parla della Grazia. Se lo desidera, in una frazione di secondo il Guru può accordare la benedizione della realizzazione del Sé a un estraneo che non ha praticato alcuna *sadhana* e può anche trattenersi dal concederla a una persona che ha intrapreso una *sadhana* rigorosa per lungo tempo. La Madre non sta dicendo che un *Mahatma* rifiuterà la Grazia a un *sadhak* meritevole, sta solo sottolineando che è in suo potere donarla oppure no. Un *Mahatma* può facilmente benedire qualcuno realizzando il desiderio di tutta la sua vita. Potremmo tentare di analizzare perché una persona riceva una tale benedizione non vedendo in lei alcun merito, ma il nostro ricercare la causa o il motivo è un'impresa vana perché per noi, esseri umani incapaci di andare al di là dell'intelletto, il mistero rimarrà assoluto. A volte non c'è nessuna causa. Il Guru semplicemente decide di farlo. Quindi, per ottenere questa Grazia, piangete e pregate, tenetevi stretti ai piedi del Guru, qualunque cosa accada".

Il darshan continuava mentre le persone avanzavano per ricevere l'abbraccio amorevole della Madre e aprire il proprio cuore a lei. I devoti cantarono *Samsara dukha samanam*.

Samsara dukha samanam

O Madre del mondo
che dissipi il dolore della trasmigrazione,
le Tue mani benedette sono
il nostro unico rifugio.

Sei il rifugio dei ciechi e delle anime smarrite.
Ricordare i Tuoi piedi di loto
protegge da tutti i pericoli.

Per coloro che, prigionieri dell'illusione,
brancolano nelle tenebre,
l'unico rimedio per sfuggire
alla loro miserabile sorte
è meditare sul Tuo nome e sulla Tua forma.

Con i Tuoi meravigliosi occhi luccicanti
posa il Tuo sguardo sulla mia mente.
O Madre, solo con la Tua grazia
è possibile giungere ai Tuoi piedi di loto.

Alla fine del canto ci fu un breve silenzio, poi Amma continuò a parlare: "Un *Mahatma* ha il potere di cambiare il destino di una persona; anche un santo può operare in tal senso. Ecco una storia che illustra questo punto:

C'era una volta un ardente devoto del Signore Vishnu. Dopo molti anni di matrimonio, la sua unione non era stata benedetta da alcun figlio. L'uomo aveva intrapreso intense *tapas* per avere un figlio, ma senza nessun risultato. Un giorno incontrò il saggio Narada che stava passando per il suo villaggio e quando seppe che Narada stava andando a Vaikunta per ricevere il darshan del Signore Vishnu, lo pregò di chiedere al Signore perché lui e la moglie non avevano ancora ricevuto la benedizione di un figlio. Desiderava inoltre sapere quando avrebbe potuto ricevere tale benedizione.

Quando arrivò a Vaikunta, Narada riferì il messaggio del devoto al Signore. Il Signore Vishnu disse che l'uomo non era destinato ad avere figli in questa vita. Questa risposta era talmente amara che Narada non volle comunicarla al devoto e quindi non gli diede mai la brutta notizia.

Passarono gli anni e un giorno Narada si trovò ad attraversare ancora una volta lo stesso villaggio. Andò a far visita al devoto e fu molto sorpreso nel vedere tre bambini che giocavano in cortile. Quando gli dissero che erano i figli del devoto, Narada chiese all'uomo come fossero nati quei figli.

L'uomo raccontò a Narada che, poco tempo dopo averlo incontrato, era stato abbastanza fortunato da conoscere e servire un santo. 'Compiaciuto per il mio servizio', spiegò il devoto, 'il santo mi disse di chiedere una grazia. Naturalmente io gli domandai un figlio e il santo disse che ne avrei avuti tre. Ecco come questi tre bimbi sono entrati nella mia vita'.

Narada si recò immediatamente a Vaikunta e accusò il Signore Vishnu di non dire la verità: 'Alcuni anni fa, quando chiesi un figlio per un certo devoto, mi dicesti che non era destinato ad avere figli. Eppure adesso ne ha tre!'.

Prima ancora che Narada accennasse all'intervento di un santo, il Signore Vishnu scoppiò a ridere e disse: 'Questa deve essere stata l'opera di un santo, poiché soltanto i santi sono in grado di mutare il destino di una persona'.

Figli, i *Mahatma* possono accordare una benedizione che neanche Dio può dare. Dio è senza nome e senza forma, non può essere visto. I *Mahatma* sono coloro che danno realtà all'esistenza di Dio. In loro presenza, la gente può vedere, sentire e fare esperienza di Dio. Sono coloro che concedono alla gente la benedizione di avere un'esperienza tangibile del Signore. I *Mahatma* compiono il grande sacrificio di lasciare la suprema dimora della Beatitudine per vivere in mezzo alla gente comune, come uno di loro, pur restando perennemente in questo stato di unione".

Qualcuno sollevò un'altra domanda: "Amma, alcuni non credenti diventano ardenti devoti dopo averti incontrata. Com'è possibile?".

Amma rispose: "Figli, è vero che per un certo tempo costoro possono essere stati atei. Quello è il loro *karma*; ma a un certo punto crederanno inevitabilmente in Dio. Queste persone non credenti, che dopo aver incontrato Amma sono diventati ferventi devoti, hanno assunto una visione materialista del mondo solo in questa vita, indotti dalle situazioni e dal contesto in cui sono nati. Tuttavia nel loro profondo giacciono sempre i *samskara* (qualità) spirituali ereditati nelle nascite precedenti e questo sarà il tratto che poi prevarrà. Se paragonato alle tendenze ateistiche accumulate in questa o nella vita precedente, il loro *samskara* spirituale latente, la predisposizione alla devozione, è più forte. Quando gli orientamenti ateistici si esauriscono, la fede che da lungo tempo giaceva in loro affiora. È soltanto questione di tempo. Questa devozione latente si manifesta quando incontrano un Maestro perfetto o quando si trovano in una situazione di profonda spiritualità. A questo punto le tendenze più deboli lasciano spazio alle più forti, quelle spirituali. Tali persone dovranno comunque intraprendere una *sadhana* per eliminare del tutto le tendenze accumulate in questa nascita e in quelle precedenti. Ricorda che costoro avranno ancora delle *vasana* su cui lavorare. L'unica differenza è che il *samskara* spirituale è un po' più forte delle *vasana* ed è questo *samskara* che li porta ad avvicinarsi a un *Mahatma* o a Dio. Tuttavia un *Mahatma*, se lo desidera, può anche produrre una trasformazione radicale in chi non crede e non ha nessuna inclinazione spirituale proveniente da vite passate. Nulla è impossibile per un *Mahatma*".

Amma chiese ai *brahmachari* di cantare. Cantarono *Kerunnen manasam Amma*.

Kerunnen manasam Amma

O Madre, la mia mente sta piangendo.
O Madre mia, non hai orecchie per sentirla?
Con il cuore pesante ho vagato
per ogni dove cercandoTi.

Perché tardi a venire?
O Madre, cosa farò adesso?
Che peccato ha commesso questo povero infelice
per meritare tale indifferenza?
O Madre, laverò i Tuoi piedi di loto
con le mie lacrime cocenti.

O Madre, sono stanco di portare
questo fardello insopportabile,
frutto delle mie azioni passate.
O Madre, non tardare nel dare rifugio
a questo umile tuo servo stremato.

I *brahmachari* cantarono con tale intensità e devozione che Amma entrò in *samadhi*. Immobile, con gli occhi mezzi chiusi, aveva formato due *mudra* differenti, uno con la mano destra e un altro con la sinistra. Per qualche minuto ci fu silenzio assoluto. I devoti, pieni di timore sacro e di devozione, contemplavano il volto di Amma. Il silenzio fu rotto quando i *brahmachari* intonarono *Hari Om, Hari Om*. Tutti risposero al canto in coro. L'atmosfera era satura di energia divina.

Agire con discernimento

Lunedì 9 luglio 1984

Stamani Amma era seduta nella sala da pranzo situata a nord del tempio. Era l'ora della colazione e lei chiese a Gayatri di cogliere alcune foglie dall'albero del pane. Nei villaggi del Kerala, si è soliti utilizzare queste foglie come cucchiai dopo averle opportunamente piegate. È così che si consuma il *kanji* o altri cibi liquidi. Gayatri uscì e tornò con una quindicina di foglie. Nel vedere questo mucchio, Amma esclamò: "Oh, hai commesso un grave peccato! Ti avevo chiesto di portare soltanto alcune foglie, sufficienti per cinque persone. Hai distrutto inutilmente la vita e questo è peccato. Hai commesso un'ingiustizia. Come hai potuto farlo? Agire senza il giusto discernimento è *adharma*. Cos'hai imparato stando con Amma per così tanti anni? Per commettere un tale peccato, bisogna non avere né amore né compassione. Non hai sentito la vita pulsare in quelle foglie e quindi non hai provato compassione per loro. La mancanza di compassione rende facile distruggere la vita. Quando non hai compassione, non hai alcuna attenzione per gli altri. Il tuo atto mostra che non hai neanche fede, perché la compassione è un'estensione della fede – fede nell'esistenza della vita che anima ogni cosa. Quando non c'è né fede né *shraddha*, si è indotti ad agire indiscriminatamente. Cogliendo così tante foglie in più del necessario, hai agito senza discernere".

Ci fu una pausa. Amma guardò Gayatri, che avrebbe voluto porre una domanda alla Madre, ma aveva paura di aprire bocca. Amma continuò: "Gayatri *mol* sta pensando: 'Come può essere *adharma* cogliere delle foglie in più, se coglierne cinque non lo è? Com'è possibile che cogliere cinque foglie non sia *adharma*?'".

A queste parole Gayatri rimase allibita perché questo era esattamente ciò che avrebbe desiderato chiedere, ma non aveva osato.

La natura onnisciente di un *Mahatma* si rivela in innumerevoli occasioni, eppure anche persone che vivono molto vicino a lui non riescono a comprenderlo. Probabilmente hanno vissuto centinaia di esperienze che li hanno pienamente convinti dell'onniscienza e dell'onnipresenza del *Mahatma*, ciò nonostante capita che nutrano ancora dei dubbi. È proprio vera l'affermazione di Amma: "Una fede assoluta è possibile solo quando si realizza il Sé". Il potere di *Mahamaya*, la Grande illusione, è inesplicabile. La spessa coltre di *vasana* è un grande ostacolo al nostro immergerci profondamente nella coscienza del Guru o del *Mahatma*.

Amma rispose al pensiero di Gayatri: "Ogni azione compiuta senza discernimento è *adharma*, un atto ingiusto. È un peccato. Qualunque spreco dovuto alla nostra incuria e disattenzione è peccato. Le cose sono state create per essere usate e ognuna di esse ha un suo scopo. Il mondo non potrebbe esistere se i suoi elementi non fossero tra loro interdipendenti. Le piante e gli alberi non possono esistere senza la terra. Gli animali dipendono dalle piante e dagli altri animali per il loro nutrimento. A loro volta gli esseri umani dipendono sia dagli animali che dalle piante. Così, l'esistenza dell'universo intero non è che una storia di interdipendenza.

Siamo padroni di utilizzare ciò che assicurerà il nostro sostentamento come esseri umani. Se avete bisogno soltanto di due patate, per esempio, prendetene due, non tre. Supponete che due patate siano sufficienti per cucinare una pietanza. Se ne prendete un'altra, state agendo senza discernimento, state compiendo un atto *adharmico*.

Lo spreco può essere considerato una forma di furto. Poiché in effetti non avete bisogno di una terza patata, la state prendendo inutilmente. Avreste potuto darla a qualcun altro, magari al vostro vicino che non ha nulla da mangiare. Prendendo la terza patata, gli togliete la possibilità di usufruirne. State rubando il suo cibo e quindi commettete un'ingiustizia.

Non c'è nulla di male nel cogliere alcune foglie per rispondere al bisogno di cinque persone, ma tu ne hai prese dieci in più. Ciò ha completamente trasformato la situazione. La tua azione è diventata *adharmica*: in primo luogo hai distrutto inutilmente la vita di dieci foglie e poi hai impedito ad altri di poterle utilizzare. Queste foglie andranno sprecate perché hai agito senza riflettere".

Uno dei *brahmachari* disse: "Amma sta esprimendo esattamente lo stesso principio enunciato da Krishna nella *Srimad Bhagavad Gita*. Sri Krishna chiamava '*stenah*', che significa ladri, le persone che accumulano senza condividere ciò che possiedono con i bisognosi".

Amma continuò: "Proprio così. Quale altro nome potremmo dare loro? Chi tiene tutto per sé, anche ciò che ha in più, senza dare nulla a chi ne ha disperato bisogno, è davvero un ladro. È questa avarizia che spinge i poveri a rubare e a depredare. Amma ha sentito parlare di un *Mahatma* che divenne magistrato di un Paese. Il modo in cui valutò il primo caso che gli presentarono è alquanto singolare. Questo giudice ordinò d'imprigionare sia il ladro che la vittima del furto. Quando il re gli chiese il perché di quella sentenza insolita, il *Mahatma* rispose: 'L'uomo ricco ha accumulato troppa ricchezza, non ne ha mai fatto buon uso e non l'ha mai distribuita a coloro che avrebbero potuto usarla bene. C'è così tanta gente che patisce la fame e che sta morendo per mancanza di cibo, di vestiario e di un riparo. In effetti il ricco dovrebbe essere grato al ladro di non averlo ucciso'.

Poi aggiunse: 'In realtà, ho qualche rimorso perché ho inflitto la stessa pena ad entrambi. Avrei dovuto condannare più severamente il ricco perché è lui che ha spinto il ladro a rubare. Se avesse distribuito le sue ricchezze superflue ai poveri e ai bisognosi, non ci sarebbe stato nessun furto'".

Al termine della storia, Amma restò ancora per qualche istante nella sala da pranzo a conversare prima di tornare nella sua stanza.

Andare in fondo alle cose

Alle undici del mattino Amma stava dando il darshan nella capanna. Mentre riceveva i devoti, uno dei *brahmachari*, seduto vicino a lei, le fece una domanda: "Amma, l'altro giorno ti ho sentita dire che noi non sappiamo come andare in fondo alle cose, che rimaniamo sempre in superficie. Hai anche aggiunto che, per riuscirci, occorre avere una mente e una vista sottili. Cosa intendi per andare in fondo alle cose? Potresti spiegarcelo?".

Amma rispose: "Per sua natura, la mente umana oscilla costantemente. Proprio come il pendolo dell'orologio, la mente si muove incessantemente da una cosa all'altra, da uno stato d'animo o da un'emozione all'altro, in un moto costante. La mente si sposta da un pensiero all'altro senza tregua: un momento ama, l'attimo successivo odia. A volte le piace un oggetto, l'attimo dopo non le piace più. Il pendolo della mente va dalla collera al desiderio, incapace di fermarsi, di arrivare a uno stato di quiete. Questo moto incessante vi impedisce di scorgere il sostrato immutabile e immobile su cui poggia l'esistenza, la vera natura delle cose. L'attività della mente solleva un'onda dopo l'altra e queste onde, le increspature dei pensieri, appannano ogni cosa e vi impediscono di vedere le cose con chiarezza. Questo movimento è come una nebbia che offusca la vostra visione. Vedete qualcosa, ma in modo sfocato: una nube di pensieri vi impedisce di vederla con nitidezza e quindi la vostra percezione è difettosa. Fate affermazioni su ciò che percepite, inconsapevoli della vostra visione distorta e, di conseguenza, fornite giudizi scorretti e informazioni inesatte.

Ogni pensiero, ogni spinta emotiva, ogni desiderio, è come un sassolino gettato nelle acque del lago mentale. I pensieri che si susseguono senza sosta sono come le increspature sulla superficie di un lago. La superficie ondulata rende impossibile vedere attraverso l'acqua in modo chiaro. Ciò che giace sul fondale non può essere visto in modo appropriato, disturbato dalle increspature della superficie. Non permettete mai alla mente di riposare: o nasce l'impulso a soddisfare un desiderio, oppure sorge la collera, l'amore, la gelosia o l'odio. E se non appare nulla legato al presente, allora affiorano le memorie del passato con i dolci ricordi, quelli amari, i momenti gioiosi, il risentimento, la vendetta. Emergerà l'una o l'altra di queste emozioni e poi, quando il passato sfuma, si presenta il futuro con i suoi sogni e le sue belle promesse. Così la mente è sempre attiva, impegnata, mai in uno stato di quiete.

Figli, voi non vedete che la superficie, non percepite altro che le onde che la agitano ed è proprio questa turbolenza che vi fa supporre che anche il fondale si muova, mentre invece è immobile, immutabile. State sovrapponendo il movimento della superficie (le increspature dei pensieri e delle emozioni), che riguarda solo la superficie ed è appannaggio della mente, sul fondale inamovibile, sul terreno sottostante. Sono le onde del pensiero che producono questo movimento e non hanno nulla a che vedere con il fondale. Per vedere il fondale immobile e tranquillo, occorre che la superficie diventi calma e silenziosa. Le increspature devono cessare e il pendolo della mente deve smettere di oscillare. Acquietare la mente equivale ad andare in fondo alle cose.

Una volta raggiunta questa quiete, potete vedere nitidamente attraverso la superficie. Non vedete più forme illusorie e contemplate il vero fondamento dell'esistenza, la Verità. I dubbi svaniscono. In quell'istante realizzate che fino ad allora avevate visto solo forme illusorie, ombre e nuvole, ed è a questo punto che prendete coscienza della vostra ignoranza. Prima di allora, forse dicevate di essere ignoranti, ma non ne eravate realmente consapevoli. Andare in fondo alle cose vuol dire contemplare la vera natura di ogni cosa mentre si dimora nel Sé.

Guardate gli occhi degli *yogi*, dei veri santi: sono occhi penetranti. Possono vedere attraverso di voi. Quando vi guardano, non stanno guardando la vostra forma illusoria, null'altro che una distorsione, ma la vostra natura infinita. Guardano il Sé. Non vedono voi in quanto ego, vedono al di là dell'ego. Non vedono la rappresentazione che sta andando in scena, ma il palco immobile su cui si svolge. In altre parole, vedono lo spettacolo come spettacolo senza dargli una realtà. La rappresentazione può finire in qualsiasi momento, ma il palco rimane. Guardano e si godono l'opera senza mai identificarsi con nessun personaggio".

Alle dodici e quarantacinque Amma stava ancora dando il darshan. I *brahmachari* cantavano *Mannayi marayum*.

Mannayi marayum

L'uomo muore e svanisce come polvere
per rinascere e continuare un'altra vita.

Se compie buone azioni, può accedere
a un piano più elevato prima di ritornare sulla terra.
Nella vita la malattia e la vecchiaia sono inevitabili.
O uomo, rifletti! Vale la pena continuare a rinascere?
Perché tutte queste tendenze negative?

*Una persona potrebbe aver compiuto molte azioni cattive,
ma se conosce Colui che è il sostrato di questo mondo,
allora tutte le sue tendenze negative
saranno sicuramente distrutte
e sarà sommersa dall'Oceano della Beatitudine!*

Non ingrandite il vostro ego

Dopo il canto, le posero un'altra domanda: "Amma, hai detto che arriva un momento in cui realizziamo che prima di allora avevamo visto solo forme illusorie, in cui capiamo che la vera natura delle cose ci verrà rivelata soltanto quando avremo messo a tacere la mente. È a questo punto che prendiamo coscienza della nostra ignoranza. Cosa intendi per 'prendere coscienza della nostra ignoranza'?".

Amma disse: "Figli, attualmente tutti sono nell'ignoranza. Anche i grandi studiosi ammettono la loro ignoranza. Quando pregano o sono in presenza di un *Mahatma*, dicono: 'O Signore, degnati di guidare questo ignorante e riversa su di me la Tua grazia'. Spesso ci si rivolge a Dio con queste frasi ma quanti, fra quelli che si esprimono così, sanno di essere ignoranti? Nessuno se ne rende davvero conto. La consapevolezza ci aiuta ad eliminare l'ego ma, poiché le persone non sono consapevoli della loro ignoranza, non possono rimuoverla. Anche se riuscissero a comprendere intellettualmente di essere ignoranti, si sentirebbero e sarebbero ancora convinte della loro grandezza perché non si rendono conto del livello in cui si trovano.

Per 'ignoranza', intendo l'ignoranza della Realtà. Il significato che la maggioranza della gente attribuisce a questo termine è però completamente diverso. Comunemente, si crede che l'ignorante sia chi non ha studiato, chi non è colto. Per gli studiosi, l'ignorante è colui che non ha studiato i *Veda* o le *Upanishad* e non conosce nulla della scienza moderna. Questa è la concezione che gli studiosi hanno dell'ignoranza, perciò studiano e leggono quanti più libri possono. Una volta eruditi, vogliono parlare, insegnare, tenere discorsi, avere un pubblico. Vogliono che chi li ascolta dica poi che sono dei grandi studiosi, dotati di profonda saggezza e intuizione. Desiderano essere adorati dalle persone, diventare dei Guru. Tutto ciò, naturalmente, accresce solamente l'ego. Prima che possedessero così tante conoscenze, il loro ego era piccolo, il fardello era meno pesante e deporlo non gli sarebbe costato tanto, ma adesso è molto grosso. Bisogna lavorare duramente per creare anche solo una piccola apertura in un ego grande e granitico.

Tuttavia persino costoro pregano. Queste persone egocentriche non pregano per umiltà o per amore, ma spinte dalla paura. Pregano usando un linguaggio fiorito, mostrando perfettamente a Dio la loro ignoranza. Si rivolgono al Signore chiedendo la grazia di rimuovere la propria ignoranza e accendere in loro la luce della conoscenza. In pubblico, fanno mostra di grande umiltà. Al termine di un lungo discorso, affermeranno più volte che sono ignoranti e fingeranno di essere umili quando la gente li applaudirà o li loderà, ma interiormente esulteranno e il loro ego si gonfierà sempre di più. Venire considerati degli eminenti studiosi li riempirà di gioia.

Non si rendono conto di quanto siano ignoranti. Dichiarano la loro ignoranza, ma le loro parole non rispecchiano ciò che sentono perché, in realtà, sono convinti della loro grandezza e credono che conoscere le Scritture sia la vera conoscenza. Pensano che il sapere sia un ornamento da acquisire e di cui fare sfoggio. Un tale atteggiamento non fa che gonfiare l'ego. Anche se non ne avvertono il peso, il loro ego è sempre più grande. Questo è un punto importante: si dovrebbe sentire il peso del proprio ego. Quanto più lo si avverte, tanto più intenso sarà il desiderio di scaricarlo, di liberarsene.

Tuttavia la maggior parte della gente non lo vive come un fardello e pensa che il proprio ego sia indispensabile. Crede che abbellisca la personalità e dia bellezza e fascino. Ricordate, una persona può continuare ad affermare di non essere nessuno, di non essere nulla, ma provate a toccargli l'ego, provate a puntargli un dito contro e scoprirete fino a che punto è identificato con esso. Costui erutterà come un vulcano e riverserà una lava di proteste. Questa reazione nasce dall'essersi completamente identificati con il proprio ego. In questa situazione, com'è possibile rendersi conto della propria ignoranza? Un'impresa davvero difficile, molto difficile". In tono scherzoso, la Madre aggiunse: "Ci vuole un martello da fabbro per rompere un tale ego".

Tutti scoppiarono a ridere e anche lei rise. Dopo un breve silenzio, Amma proseguì il suo discorso: "In effetti questo è proprio uno dei punti chiave: è indispensabile comprendere quanto siamo egocentrici. Bisogna capire che questo ego è un fardello ed essere consapevoli della nostra ignoranza. Dovremmo sapere che la conoscenza libresca non è vera conoscenza e che tale sapere rafforza soltanto l'ego, a meno che non si sia abbastanza perspicaci da andare al di là delle parole e percepire la Verità.

Anche gli egocentrici pregano utilizzando parole o espressioni simili a quelle dei veri devoti, ma tali preghiere non nascono dal cuore, sono parole pronunciate appena con le labbra. Tutto qui. Forse sembreranno grandi devoti e terranno perfino magnifici discorsi sulla spiritualità, ma il loro ego è molto forte, sottile e duro da rompere. Può anche darsi che preghino e siedano in una postura di meditazione, ma interiormente la loro mente vaga. Il loro comportamento rivela la più profonda ignoranza, senza che ne abbiano il minimo sentore".

Le parole della Madre mi ricordano un fatto avvenuto nel 1981. Un giorno Amma stava seduta in riva al canale situato nella parte sud-occidentale dell'ashram. All'epoca era possibile vedere con chiarezza l'oceano guardando al di là del canale. Amma era circondata da alcuni *brahmachari*, da devoti del vicinato e dai suoi genitori. Mentre discutevano di questioni che riguardavano l'ashram, si avvicinò a loro un ospite dall'aspetto distinto, di mezza età, visibilmente benestante. Dopo aver salutato Amma e dato uno sguardo all'intero gruppo, si sedette e cominciò a parlare dello scopo della sua visita.

"Sto compiendo un viaggio spirituale", disse, "chiamatelo pellegrinaggio, se volete. Sono giunto alla conclusione che la vita non è degna di essere vissuta a meno che non si scopra il senso dell'esistenza, la ragione profonda della nostra presenza su questa terra. Tutti gli antichi saggi e santi dell'India affermano che siamo qui per raggiungere la meta ultima della realizzazione del Sé. Ora, dopo aver vissuto una vita in cui sono stato benedetto dal successo finanziario, ho sia il tempo che i mezzi per soddisfare la mia unica passione: la ricerca spirituale".

Continuò a filosofare in questo modo, parlando con eloquenza. Sembrava che volesse far mostra delle sue conoscenze e cercare di convincere i presenti di quanto fosse sincera la sua ricerca spirituale. "Per quanto mi riguarda", dichiarò, "la meditazione è la *sadhana* più importante. Solo meditando posso stabilire una vera relazione con Dio perché Lui mi conosce meglio di chiunque altro, meglio di quanto io conosca me stesso".

L'uomo continuò così per un po', incoraggiato da qualche segno di approvazione perché sembrava molto preparato, con vaste conoscenze a livello spirituale. Amma lo ascoltava sorridendo.

Incoraggiato dall'atmosfera rilassata, si guardò lentamente intorno e disse: "Mi sento a casa mia negli ashram. Ne ho visitati talmente tanti. Ah, la pace che regna qui è straordinaria. Posso fermarmi a meditare per alcuni giorni?". Dopo queste parole si sedette nella posizione del loto, chiuse gli occhi e iniziò a meditare.

Brahmachari Nealu riprese a parlare con Amma di certe faccende dell'ashram. Terminata questa breve discussione, Amma si alzò. Tutti si prostrarono davanti a lei. L'uomo sembrava in profonda meditazione. Quando Amma gli passò accanto, pose tutto il palmo della mano sulla testa dell'uomo e la scosse vigorosamente dicendo: "Stai ancora contrattando l'acquisto di legno di teak?". E poi se ne andò.

L'uomo era stupefatto. Visibilmente molto scosso, non riusciva più a meditare. Si alzò. Sembrava turbato e nervoso. Mentre camminava avanti e indietro, chiese più volte a uno dei *brahmachari* di poter avere un colloquio privato con Amma. Proprio prima dei *bhajan* serali la Madre acconsentì alla sua richiesta. In seguito venimmo a sapere che costui era un commerciante di legname da costruzione, di legno di teak in particolare, nel nord del Kerala. Da due settimane stava cercando di comprare del teak di altissima qualità. Aveva fatto un'offerta, ma il venditore chiedeva un prezzo più alto. Con franchezza disse alla Madre che nel momento in cui lei aveva posto la mano sul suo capo e l'aveva scosso, lui stava contrattando con quel venditore, proprio come lei aveva detto.

Quell'uomo provò rimorso per la sua presunzione e le chiese di perdonarlo. "Ora so che sei davvero una grande santa, Amma. Sapevi dall'inizio che stavo recitando la parte di un ricercatore spirituale. Mi hai reso umile, Amma. Non voglio più fingere di conoscere tante cose sulla spiritualità. Amma, per favore, aiutami a essere onesto con me stesso. So che mi puoi aiutare".

Dopo che l'uomo ebbe lasciato l'ashram, alcuni *brahmachari* si misero a parlare di quello che era successo, deridendolo per la sua presunzione. Quando la notizia arrivò alle orecchie di Amma, lei li rimproverò severamente per la loro meschinità: "Non pensate di essere migliori di lui. Al momento non siete molto diversi. Chi è capace di non costruire castelli in aria quando dentro ha talmente tanti sogni?".

Il *darshan* era ancora in corso quando i *brahmachari* intonarono un altro canto che glorificava il Nome Divino: *Devi Maheshvariye.*

Devi Maheshvariye

O Madre divina, Grande Dea
la cui natura è illusione.
O Causa e Creatrice dell'universo,
mi prostro ripetutamente a Te.

Imperatrice dell'universo dai capelli scuri,
o grande Maya di mirabile forma,
Dea suprema, Amica dei devoti,
Tu doni loro sia la schiavitù che la liberazione.

Sei la Dea misericordiosa,
da cui tutto ha avuto origine,
il sostegno di ogni cosa,
ciò in cui tutto si fonderà.

Mentre il canto proseguiva, la Madre scivolò in uno stato meditativo sul lettino nella capanna del darshan. Quale fenomeno incomprensibile! Appena pochi minuti prima aveva pronunciato profonde parole di saggezza e poi d'un tratto, senza che nessuno se lo aspettasse, se n'era andata! Non era più in questo mondo. Il silenzio scese sulla folla e un senso di pace profonda pervase la capanna. Ispirati dallo stato di beatitudine in cui si trovava Amma, i devoti entrarono facilmente in meditazione.

Il testimone

Dopo essersi innalzata fino alle vette della beatitudine spirituale, Amma discese dopo qualche minuto e riprese a dare il darshan ai devoti. Un altro *brahmachari* fece questa domanda: "Amma, hai appena detto che un santo, quando ci guarda, contempla in realtà la coscienza infinita, non la forma esterna, ma quando lui ci parla, a volte rivela una parte del nostro futuro o passato, fatti legati alla nostra forma fisica. Anche tu lo fai, Amma. Come può un santo fare tali rivelazioni senza vedere il nostro aspetto esteriore?".

La Madre rispose: "Amma vi ripete ancora una volta che un santo vede unicamente il Sé infinito e non la persona. Sì, forse vi parlerà, e allora? Lo fa rimanendo un semplice testimone. Parla perché sa che le sue parole potrebbero aiutarvi ispirandovi o permettendovi di avere un barlume della Realtà. Quanto a lui, preferirebbe mantenere il silenzio. Egli è il silenzio. In realtà, quando parla, è il suo corpo che parla mentre lui lo osserva. Quando un santo dorme, non dorme, ma osserva il corpo che dorme. Quando lavora, non sta lavorando, ma osserva il corpo che lavora. Un santo è pura presenza, una presenza costante, il testimone di tutto ciò che accade e riguarda il suo corpo e tutto ciò che lo circonda.

Se un santo si ammala, esce dal corpo e guarda la grande sofferenza fisica. Se viene insultato o maltrattato, esce di nuovo dal suo corpo e osserva; testimonia le afflizioni vissute dal corpo. In tal modo può ridere degli insulti, degli sguardi e delle parole pieni di collera che gli rivolgono. Non è più il corpo, è pura Coscienza. Come può la Coscienza arrabbiarsi? Come può la Coscienza essere insultata? Impossibile! Il santo è pura Coscienza e quindi non viene toccato né influenzato dagli insulti o dall'ira.

Quando vi guarda, se vede la vostra forma, il vostro aspetto fisico, non è perché voi siete di fronte a lui o perché ha gli occhi ben aperti, ma perché vuole vedere la vostra forma. Se non lo desidera, non la vedrà. Lui è padrone della sua mente, non il suo schiavo. Siamo noi ad essere schiavi della mente.

Se un santo vi guarda e nota la vostra forma, è soltanto perché desidera notarla, ma potrebbe anche smettere di farlo pur rimanendo seduti davanti a lui e anche i suoi occhi fossero ben aperti. Vi rivela il vostro passato, il vostro presente e il vostro futuro? E allora? Perché vi sembra così sorprendente? Se vuole, può svelarvi il passato, il presente e il futuro dell'intero universo perché lui è l'universo. L'universo è in lui. L'universo è come una bolla nella sua esistenza. Per lui, guardare l'universo e fare qualche predizione è un gioco da bambini. Un santo è l'oceano dell'intera esistenza e l'universo è contenuto in lui come una bolla o una piccola onda. Se vi rivela qualcosa di voi, rimane sempre il testimone distaccato di ciò che sta dicendo; in genere, però, non gli importa fare tali rivelazioni, non è interessato a parlare di ciò che accade nel mondo. È costantemente in uno stato di meditazione.

Cercate ora di non fraintendere il significato della parola 'meditazione' e non paragonate la vostra meditazione con quella di un santo. La vostra meditazione non è meditazione, bensì uno sforzo costante, una lotta per raggiungere lo stato di meditazione. Ma il santo è sempre in quello stato. Sia che cammini, sieda, dorma, mangi o parli, è sempre in profonda meditazione. Non c'è nessun momento in cui non stia meditando, in cui si allontani dalla sua dimora: il Sé.

Poiché il santo risiede nel suo Sé infinito, vede lo stesso Sé infinito in tutti gli altri. Dire che vede la forma di un'altra persona non è una contraddizione perché lo fa solo se lo desidera. Quando vuole, può entrare nel suo corpo e interpretare un ruolo nel gioco dell'universo oppure rimanere in disparte. È libero di lasciare che i sensi vedano, parlino, mangino, corrano, ridano o dormano, oppure di ritrarli in qualsiasi momento. Qualunque cosa faccia, il *Mahatma* è radicato nel suo Sé e percepisce ogni cosa come il proprio Sé. Non si identifica mai con il corpo, si limita ad osservarlo. È costantemente vigile, guarda ciò che accade intorno a sé e può consentire al corpo di farsi coinvolgere o di rimanere distaccato. Perfino quando partecipa, in realtà non sta partecipando. Qualunque cosa succeda, lui sa che il Sé infinito è la sola realtà".

La Madre fece una pausa e i devoti rimasero seduti in silenzio, assorbendo le sue parole. Il silenzio fu rotto dall'uomo anziano che aveva parlato prima: "Le parole di Amma mi ricordano un verso della *Bhagavad Gita*", disse, e poi citò lo *sloka* sanscrito del quinto capitolo, i versetti 8 e 9 a cui si riferiva:

Naiva kimcit karōmīti yuktō manyeta tattva-vit
paśyan śrinvan spriśan jighrann aśnan gacchan śvasan
svapan
Pralapan visrijan grihnann unmishan nimishann api
indriyānīndriyārtheshu vartante iti dhārayan.

Centrato sul Sé, il saggio così medita costantemente: "In verità, io non faccio nulla". Sebbene guardi, ascolti, tocchi, fiuti, mangi, cammini, evacui, dorma, afferri, apra e chiuda gli occhi, è pienamente convinto che sono i sensi ad interagire con i loro oggetti.

Amma continuò: "Bene, vediamo, dov'eravamo rimasti? Ah sì, un santo può andarsene e tornare in qualsiasi momento. Se lo desidera, guarda e vede, altrimenti rimarrà nel suo Sé. Quando tutto l'universo ruota dentro di lui, c'è qualcosa che gli è impossibile?.

Ascoltate questa storia: un taglialegna stava spaccando della legna quando un uomo si avvicinò a lui e chiese: 'Mi scusi, è appena passata una grande processione. Puoi dirmi da che parte è andata?'. Il taglialegna lo guardò e disse: 'Non ho visto nessuna processione', e riprese il lavoro. Tale è lo stato del *Mahatma*. La sua mente è immobile, non vede né sente nulla. Allo stesso tempo, se vuole, può lasciar entrare il mondo. Può vedere o sentire qualsiasi cosa lo aggradi per poi, in seguito, raccogliersi interiormente. Un santo è sia qui, nel mondo, che là, nella Realtà ultima, ma il mondo non può toccarlo, non può né ingannarlo né infangarlo. Sebbene un santo compia ogni cosa, non è turbato da nulla".

Questa affermazione sollevò un altro punto: "Come ci riesce? Come può uscire dalla Realtà ultima e tornarci quando vuole?".

La Madre rispose: "Quando lo *yogi* spegne la mente, lo spettacolo o il programma termina, proprio come quando si spegne il televisore. Quando volete vedere un programma, premete il tasto di accensione ed ecco che appare sullo schermo. E quando ne avete abbastanza, spegnete la TV e il programma scompare. Il pulsante di accensione e spegnimento della mente è nelle mani dello *yogi*, completamente sotto il suo controllo.

Se aveste qualcosa che potete abbandonare in qualsiasi momento, quali conclusioni potremmo trarre? Che non ne siete attaccati, che non lo possedete e che tale oggetto non vi lega. Che l'abbiate o no, non vi importa molto. Questo si chiama distacco. Allo stesso modo, lo *yogi* vive in uno stato di supremo distacco.

Lo *yogi* stesso è come uno schermo. Uno schermo non proietta il film né si gode lo spettacolo. È semplicemente il telo che fa da sfondo allo svolgersi delle varie scene dell'azione. C'è, ecco tutto.

Forse avete sentito parlare del grande saggio Veda Vyasa. Un giorno, era seduto in *samadhi* sulla riva del fiume Yamuna in piena. Le *gopi* di Vrindavan avrebbero voluto attraversare il fiume, ma non potevano perché l'acqua aveva superato gli argini. Si stava facendo buio e non riuscivano a trovare un modo per raggiungere l'altra riva. Infine videro il saggio seduto in meditazione. Piene di speranza, gli si avvicinarono e deposero della frutta e dei fiori ai suoi piedi, pregandolo di aiutarle ad attraversare il fiume. Veda Vyasa si destò dal *samadhi* e fu felice di vedere le *gopi* perché conosceva l'ardore della loro devozione. Accettò quelle offerte e mangiò tutti i frutti.

Quando ebbe finito, mosso a pietà dalle *gopi*, sollevò una mano e disse: 'Se è vero che non ho mangiato nessuno di questi frutti, che le acque dello Yamuna si dividano e lascino passare queste devote'. E miracolo! Le acque si aprirono e le *gopi* poterono raggiungere l'altra sponda. Questa storia illustra perfettamente le parole di Amma. Sebbene avesse mangiato, il saggio Vyasa non aveva mangiato nulla e l'apertura delle acque del fiume ne fu la conferma. Pur avendo ordinato alle acque dello Yamuna di aprire un varco, non compì nessun'azione perché dimorava nello stato di supremo distacco.

Voi vedete il *Mahatma* mangiare, dormire e parlare e dite che mangia, dorme, e parla. Poiché voi stessi mangiate, dormite e parlate, la vostra mente proietta queste azioni su di lui. Percependo solo ciò che è esterno, non vedete che il suo corpo e pensate di avere compreso il santo. Inoltre, poiché vedete tutti comportarsi come voi, finite per pensare che lo *yogi* non sia diverso da voi. Proiettate su di lui le vostre azioni e i vostri pensieri, ma ciò che percepite non ha nulla a che vedere con lui. I suoi pensieri e le sue azioni non sono assolutamente paragonabili ai vostri. Voi non sapete cosa sia il distacco, conoscete solo l'attaccamento, la collera, l'odio, la gelosia e le qualità negative del carattere e quindi proiettate questi aspetti a voi familiari sul saggio. Interpretate lui e quello che fa secondo le vostre *vasana*.

Figli, conoscete questa storia? C'era una volta un re che aveva due bravissimi pittori nella sua corte. Poiché c'era grande rivalità tra i due artisti, il re decise di organizzare un concorso di pittura. Li chiamò e disse: 'Faremo una gara per decidere chi è il miglior pittore. Ognuno di voi dovrà portare un dipinto che abbia come tema la pace'. Il primo artista scelse di dipingere un lago di montagna perfettamente calmo: neppure un'increspatura turbava la superficie. Il solo guardarlo acquietava la mente.

Il secondo scelse come tema una cascata gorgogliante di schiuma bianca che precipitava rombando. Proprio accanto alla cascata, appollaiato su un piccolo cespuglio, c'era un uccellino con gli occhi chiusi. L'uccello simbolizzava il silenzio dinamico, il silenzio che sussiste nel mezzo del mondo frenetico. Questo è lo stato supremo a cui è pervenuto lo *yogi*, che può vivere in pace anche nel bel mezzo del caos o di un conflitto. Rimane silenzioso e sereno perché è in profonda meditazione. Anche mentre vive nel mondo problematico della diversità, il saggio è in meditazione".

"Questo stato di unità è così ineffabile che le Grandi Anime, nel corso degli anni, hanno sempre trovato difficile descriverlo con le parole", fece notare un devoto.

"Figlio, hai ragione", disse Amma, "È un compito assai arduo perché quell'esperienza è di una tale pienezza, è talmente traboccante e perfetta che le parole non possono contenerla. L'intelletto non può coglierla. Perfino molte esperienze soggettive che viviamo comunemente non possono essere spiegate verbalmente. A maggior ragione, come si può parlare dell'esperienza suprema della Verità? Senza dubbio questa dev'essere una delle ragioni per cui molte Scritture sono scritte in forma di *sutra* o aforismi.

Ai *rishi* non piaceva parlare molto e sembra che avessero scelto di usare pochissime parole per descrivere le loro esperienze. Loro stessi dovevano trovare difficile usare le parole per comunicare le loro esperienze e così pensarono che i *sutra* fossero la forma migliore per esprimersi. Forse avevano previsto che, in futuro, gli studiosi avrebbero interpretato e commentato i loro scritti. Senz'altro sapevano che ogni studioso avrebbe avuto una sua interpretazione e presentato molte e svariate spiegazioni, che i saggi stessi non avrebbero mai neanche sognato. Probabilmente i *rishi* supponevano che, anche se avessero elaborato le proprie esperienze, la gente non ne sarebbe rimasta soddisfatta e avrebbe sviluppato queste elaborazioni fornendo altre interpretazioni. Forse fu per questo che preferirono essere molto sintetici.

Come possiamo constatare, questo è esattamente ciò che è accaduto. Oggi esistono un'infinità di commenti e interpretazioni della *Bhagavad Gita* e di altri testi spirituali. Sono ormai secoli che le persone scrivono pagine e pagine sulla spiritualità. Non riescono a non farlo. La loro testa è così piena di concetti che devono scrivere, parlare, interpretare, esporre e discutere. Alla fine si perdono e trasmettono agli altri la confusione che regna nella loro mente".

Tutti scoppiarono a ridere. Gli ultimi visitatori si avvicinarono ad Amma per il darshan. Poiché non erano molti quel giorno, anche i *brahmachari* e gli altri residenti dell'ashram andarono da lei per ricevere la sua benedizione. Si trattò di un darshan lento e dolce durante il quale la Madre rivolse molta attenzione ad ogni devoto.

Poiché il *darshan* stava per concludersi, i *brahmachari* cantarono l'ultimo canto, *Mauna ghanamritam*.

Mauna ghanamritam

La Dimora d'intenso silenzio,
di eterna pace e di bellezza
in cui si è dissolta la mente di Gautama Buddha,
il Fulgore che annienta la schiavitù,

la Riva della gioia inaccessibile dal pensiero,
la Conoscenza che dona la perenne
equanimità della mente,
la Dimora senza inizio né fine,

la Beatitudine che si prova al cessare dei moti della mente,
la Fonte del potere,
il Regno dell'assoluta Coscienza
"Tu sei Quello":

La meta indicata da queste parole
ci accorda il dolce ed eterno stato non duale.
Quella è la Meta a cui anelo
e la Tua grazia è l'unico modo per raggiungerLa.

Erano circa le due e nessuno aveva ancora pranzato. Amma si alzò, chiamò alcuni *brahmachari* e chiese di organizzare la distribuzione del pranzo ai devoti nel refettorio.

La Madre disse: "Figli, tutti voi dovete prendere il pranzo-*prasad* prima di lasciare l'ashram" e poi si guardò intorno come se cercasse qualcosa. Non avendolo trovato, chiese a Gayatri che la stava aspettando fuori dalla capanna: "Ci sono delle banane di sopra? Se ne trovi, portamele". Gayatri salì in camera e tornò con alcune banane che la Madre divise tra i devoti, mettendone un pezzetto in bocca a ciascuno. Assicurandosi che ognuno ne avesse ricevuto un pezzo, Amma chiese: "Figli, avete ricevuto tutti il *prasad*?".

Non ci fu un'immediata risposta, ma dopo un po' un devoto disse a bassa voce: "Sembra che ognuno l'abbia avuto, Amma, ma siamo sempre felici di avere ancora un po' di *prasad* dalle tue mani. È un'opportunità così rara".

Amma andò da lui e affettuosamente gli tirò l'orecchio, come fa una madre con il figlio birichino. Inchinandosi davanti a tutti i suoi figli, Amma uscì dalla capanna del darshan seguita da Gayatri e si diresse verso la sua stanza. Con il cuore colmo e traboccante di beatitudine, i devoti s'incamminarono verso il refettorio per il pranzo.

Capitolo 4

Verso le cinque del pomeriggio la Madre scese nuovamente dalla sua camera. Poiché piovigginava, Gayatri la riparò con un ombrello. Non a lungo, però, perché Amma camminava molto velocemente. Ciò nonostante Gayatri la seguiva, cercando ripetutamente, e senza molto successo, di proteggerla dall'acqua. Infine la Madre si girò e le disse: "Amma non vuole l'ombrello. Non si raffredderà né le verrà la febbre. Amma è abituata alla pioggia, quindi usalo tu".

Poi si voltò guardando tutti gli altri che la seguivano, inclusa Gayatri, e disse: "Figli, non bagnatevi la testa. Potreste prendere un raffreddore".

Nel frattempo tutti i residenti dell'ashram erano arrivati e si unirono ad Amma mentre, camminando, oltrepassava la cucina e si dirigeva verso le docce e i gabinetti. Amma controllò ogni doccia e gabinetto. A causa della pioggia abbondante, nessuno ne aveva avuto gran cura e quindi non erano molto puliti. Senza dire una parola, entrò in una toilette e cominciò a pulirla con una scopa e un secchio d'acqua. Tutti quelli che le erano vicini si precipitarono alla ricerca di altre scope e secchi con cui pulire il resto delle docce e delle toilette. Già sapevano che avrebbero ricevuto una dura lezione e passato un brutto quarto d'ora.

Trovarono secchi e scope, ma proprio mentre uno di loro stava per entrare in una toilette, udirono la voce della Madre che diceva: "No, no, questo non è compito vostro. Il vostro compito è meditare, pregare e studiare. Non dovete svolgere questi lavori sudici. Lo farà Amma. É abituata a sporcarsi le mani. Figli, voi tutti provenite da buone famiglie e questo genere di cose non è per voi. Qui non si tratta di meditare e pregare, è molto diverso. È fuori discussione che vi dedichiate a qualcosa che vi sembra diverso dalla meditazione. Avete già fatto la doccia e siete pronti per i *bhajan* serali e quindi non impegnatevi in un'attività che vi farà sudare e puzzare. Andate a meditare!".

Le sue parole piene di sarcasmo fecero impallidire i residenti che rimasero immobili, agghiacciati, profondamente scossi. Alcuni avevano in mano una scopa e altri un secchio. Nessuno osava entrare nei bagni: le parole che avevano appena udito glielo impedivano. Il messaggio che celavano era penetrato profondamente nel cuore di ognuno. Stavano tutti in piedi, pietrificati e in silenzio, scope e secchi in mano, la testa china. Amma pulì da sola le docce e i gabinetti. Era uno spettacolo piuttosto comico vedere gli *ashramiti* con i secchi e le scope in mano, immobili come statue. In altre circostanze sarebbe stato spassoso guardarli.

Quando ebbe finito, Amma ripose la scopa e il secchio al loro posto e se ne andò senza dire una parola. Gayatri avrebbe tanto voluto seguirla, ma non osava. La Madre andò a stendersi sulla sabbia bagnata, al confine della proprietà dell'ashram. Piovigginava ancora, ma ben presto la pioggerella si trasformò in un acquazzone, come se le nuvole cariche di pioggia avessero aspettato solo questo momento. Ogni *ashramita* desiderava ardentemente cadere ai piedi di Amma e chiederle perdono. Tutti avrebbero voluto correre da lei, implorandola di non punire se stessa per la loro negligenza, ma nessuno aveva il coraggio di farlo.

La pioggia cadeva fitta mentre Amma era sempre allungata sulla sabbia, completamente fradicia. I residenti la osservavano mantenendosi a una certa distanza finché alla fine uno di loro non riuscì più a trattenersi e corse verso di lei, gridando: "Amma!".

Tutti non aspettavano che questo: qualcuno che prendesse l'iniziativa. L'intero gruppo si precipitò dove Amma era distesa. Il grido "Amma!" risuonò nell'aria come il coro di una tragedia greca. Tutti piangevano, implorando il perdono della Madre per l'errore commesso. Ma lei non era lì, si trovava ben oltre il regno del suono e della parola. Passò un po' di tempo prima che si accorgessero che era in profondo *samadhi*.

Solitamente accadeva durante i *bhajan* o il darshan che Amma entrasse in *samadhi*, probabilmente indotto dalla beatitudine della devozione. A volte capitava però che questi suoi stati fossero provocati da qualche impasse o problema, da situazioni che rivelavano la negligenza o il comportamento inappropriato dei suoi figli. Senza apparente motivo, questi ultimi *samadhi* duravano più a lungo dei primi. Un giorno, nel 1979, Amma entrò nel tempio di famiglia e non ne uscì per un giorno intero, dimorando per molte ore in uno stato di immobilità totale. Non si muoveva né batteva le palpebre e non si percepiva neppure un segno di respiro. Era successo dopo una lite tra i due fratelli più giovani di Amma. La Madre aveva provato a intervenire senza successo. Li aveva supplicati, pregati, ma loro avevano continuato a polemizzare fino a perdere il controllo. A quel punto Amma era corsa nel tempio e, seduta in un angolo, era sprofondata in *samadhi*.

Poiché questo stato sembrava simile al *samadhi* appena menzionato, tutti cominciarono a preoccuparsi. Alcuni si misero a piangere e a pregare, altri *brahmachari* iniziarono a recitare dei mantra. Continuava a piovere a dirotto. Portarono degli ombrelli, che però non riuscivano a proteggere molto la Madre dalle furiose raffiche di pioggia. Trascorsero più di quindici minuti e ancora non si vedeva un minimo movimento nel corpo di Amma. La paura e l'angoscia attanagliavano il cuore di ognuno. Amma sarebbe ritornata dal *samadhi*? La pioggia torrenziale non avrebbe messo a rischio la sua salute? Tutti erano bagnati fradici. Alla fine fu deciso di portare Amma in camera sua. Aiutata da alcune donne, Gayatri la portò su per le scale fino alla stanza, mentre alcuni *brahmachari* continuavano a recitare dei mantra.

Dopo averle tolto gli abiti bagnati e averla asciugata, Gayatri, Kunjumol e alcune *ashramite* la massaggiarono. Qualche *brahmachari* entrò nella stanza continuando a salmodiare i mantra. Profondamente commosso, Brahmachari Pai cantò alcuni inni sanscriti composti da Shankaracharya:

O Madre, Tu hai molti degni figli sulla terra,
e, tra loro, io sono il meno meritevole.
Ciò nonostante non è appropriato abbandonarmi,
o Sposa di Shiva,
perché, anche se a volte nasce un figlio cattivo,
non ci potrà mai essere una madre cattiva.

Nessuno come me ha commesso più peccati
e nessuno come Te è capace di distruggerli.
Sapendolo, o Mahadevi,
agisci come credi giusto.

Lo stato di *samadhi* continuò per altre due ore circa. Amma aveva istruito un *brahmachari* su cosa fare durante i suoi stati di *samadhi* e ogni tanto l'uomo posava le mani sulla pianta dei piedi di Amma per rilevarne la temperatura. Il *brahmachari* non rivelò completamente le direttive ricevute, però disse: "Un giorno Amma mi ha detto che avremmo dovuto stare attenti se il suo *samadhi* fosse continuato per più di mezz'ora. Ha dato ordini precisi affinché la recitazione del Nome Divino o dei mantra continui senza sosta finché lei non ritorna a uno stato di coscienza ordinario".

Verso le sette e mezza di sera la Madre ritornò sul piano di coscienza terrena. Rimase stesa sul letto, gli occhi fissi, mentre Gayatri, Kunjumol e altre donne continuavano a massaggiare il suo corpo. Dalla veranda del tempio giunse il canto dei *bhajan* serali e lei aprì gli occhi. Sembrava che non fosse ancora tornata completamente dal suo stato trascendente. I *brahmachari* nella stanza smisero la loro salmodia. Con un gesto delle mani, Amma fece cenno ai presenti di uscire dalla stanza e tutti, eccetto Kunjumol e Gayatri, andarono via, chiudendo la porta dietro di loro. Ancora preoccupati per lei, alcuni *brahmachari* avrebbero desiderato sedere di fronte alla camera della Madre, ma gli altri avevano la sensazione che nessuno dovesse restare. In caso di bisogno, Gayatri o Kunjumol avrebbero cercato qualcuno. Così tutti scesero.

La pioggia smise proprio alcuni minuti dopo aver portato Amma in casa e, poco dopo, il cielo si rasserenò. L'arrivo improvviso del temporale, proprio quando Amma si era sdraiata sulla sabbia e il suo brusco cessare appena la si era portata nella sua stanza, dava l'impressione che la Volontà divina avesse messo in scena questo piccolo dramma. Sebbene solo la Madre sia in grado di comprendere l'immensità del Potere divino, per gli *ashramiti* che avevano assistito all'accaduto, il temporale era profondamente legato alla lezione che la Madre voleva dare loro.

La bellezza del lavoro svolto con amore

Martedì, 10 luglio 1984

Verso le dieci, dopo la colazione, Amma chiamò tutti i *brahmachari*, che giunsero uno ad uno nella sua camera. Furono chiamate anche le brahmacharini Gayatri, Kunjumol e Saumya. Quando arrivarono tutti, Amma chiese a uno di loro di chiudere la porta a chiave e poi chiuse gli occhi, unì i palmi delle mani e rimase seduta in preghiera. I *brahmachari* fissavano tutti il suo volto. Le lacrime scorrevano sulle sue guance. Aprendo per un attimo gli occhi, la Madre asciugò le lacrime con un piccolo asciugamano e chiuse di nuovo gli occhi. Improvvisamente cominciò a cantare *Vedanta venalilude*.

Vedanta venalilude

Dov'è la verità della Gita
che promette che Tu andrai in aiuto
del viaggiatore solitario in cerca di Brahman?

Anche se sto percorrendo
un cammino simile a una foresta
per giungere a Te
e gioire della pace dell'anima,
la mia mente è nel dolore.

O Amica degli infelici,
non so per cosa bruci il mio cuore.
Non verrai a porre fine
alla mia pena?

O Madre, o Bhagavati Devi,
non sai che non è possibile gustare la pace
senza fondersi nel Tuo Essere
che incanta la mente?

Questo non era semplicemente un canto devozionale. Il cuore di Amma si esprimeva e traboccava dal *bhajan*, riempiendo l'atmosfera di struggimento. Anche gli occhi dei *brahmachari* si riempirono di lacrime, mentre l'amore e la devozione permeavano l'intera stanza. Il volto radioso di Amma e il modo in cui si immerse completamente nel canto toccarono tutti profondamente, creando un ricordo indelebile nello spazio segreto del cuore di ognuno.

Dopo il canto regnò un profondo silenzio. Amma rimase in stato meditativo e i presenti si unirono al clima che si era creato entrando in meditazione. La meditazione continuò finché tutti furono svegliati dal mantra preferito di Amma: *Om Namah Shivaya.*

"Amma ha rattristato i suoi figli?", chiese lei a un tratto. Si stava riferendo all'episodio dei bagni del giorno prima, a cui era seguito il suo *samadhi*.

"Dobbiamo ricevere tali dure lezioni, altrimenti non c'è speranza per noi", rispose un *brahmachari*.

"Non pensate che Amma volesse spaventarvi. È avvenuto spontaneamente. A volte sfugge al controllo. Cosa fare con questa pazza!"

"Eravamo tutti molto preoccupati per il tuo corpo. Perché tormenti il tuo corpo per i nostri errori?" domandò un altro *brahmachari*.

La Madre rispose: "Sono momenti di beatitudine, non sono per niente un tormento. Amma voleva stare sotto la pioggia. Tuttavia, quando i suoi figli sono molto negligenti, quando nota la loro mancanza di *shraddha*, Amma prova tristezza e questa tristezza la porta a volte in uno stato di assorbimento interiore; sente il bisogno di ritrarsi completamente dal mondo. È quando guardiamo all'esterno che notiamo tutti questi difetti, mancanza di attenzione e debolezze. Così lei prova il desiderio di ritrarre la mente da questo mondo fenomenico. Il solo pensiero di ritrarsi è sufficiente perché lei balzi in una dimensione 'senza tempo'. Il pensiero che il mondo e il corpo siano la causa di tali problemi la induce a chiudere gli occhi ad entrambi.

Figli, il corpo di Amma viene mantenuto soltanto per i suoi figli, per il mondo. Tenete sempre presente questa verità. Siate sempre consapevoli di questa verità. Ricordate che mantenere questo corpo nel mondo non è una cosa facile. In qualsiasi momento Amma può porre fine alla sua esistenza terrena. È la sincerità dei suoi figli e la ferma intenzione di giungere alla meta che tiene qui questo corpo. È la richiesta di migliaia di ricercatori e devoti sinceri di tutto il mondo che lo trattiene in questo piano di esistenza. Se non ci fosse, mancherebbe ogni attrazione verso il basso. Questo è il motivo per cui questo corpo è qui, non ce n'è un altro. Cibo e sonno non sono affatto un problema per Amma, che è completamente distaccata dalle cose del mondo o dalla ricchezza. Amma si è allenata sufficientemente bene per superare qualsiasi circostanza, avversa o favorevole.

Figli, questo ashram non è di Amma. Questo luogo esiste per il mondo ed appartiene a voi e a tutti quelli che vengono qui. Ad Amma non interessa fondare ashram o altre istituzioni; non avrebbe realizzato nessuna di queste opere se non fosse stato per il bene del mondo. Fa tutto questo per aiutarlo. Il mondo non dovrebbe essere pieno di gente egoista. Ci dovrebbero essere dei luoghi in cui almeno un gruppetto di persone possa lavorare e servire altruisticamente. La bellezza e il fascino dell'amore disinteressato e del servizio non dovrebbero scomparire dalla faccia della terra. Il mondo deve sapere che una vita di dedizione è possibile, che una vita ispirata all'amore e al servizio all'umanità è possibile.

Figli, Amma si aspetta che siate amorevoli, altruisti e molto attenti nell'esecuzione dei vostri compiti. Quando è pieno d'amore e d'altruismo, il cuore trabocca e si esprime attraverso le vostre azioni, le vostre parole e i vostri pensieri. Amma sa bene che non avete ancora raggiunto lo stato di perfezione, ma non è quella la vostra meta? Volete vivere e servire con amore, vero? Quindi è necessario che pratichiate, che vi sforziate costantemente. Amma è molto contenta se fate almeno un tentativo che mostri la vostra buona volontà, ma è assai triste quando vede l'indolenza dei suoi figli. Figli, non diventate mai negligenti né scivolate nell'apatia. Per un ricercatore spirituale, l'apatia è lo stato mentale peggiore. Chi è apatico non è entusiasta né ha alcun interesse e ha perso ogni speranza. La vita lo annoia. Costui è troppo pigro persino per cercare di uscire dal suo torpore e diventa un peso per gli altri.

Questa sua indole opprimente lo porta a provare spesso collera e odio. La sua collera lo spinge a detestare tutti: le persone care, la società, Dio e persino la sua stessa esistenza.

Figli, nella vita è necessario lavorare. La vita è preziosa, quindi non sprecatela agendo in modo meccanico e senza amore. Dovremmo cercare di mettere amore in tutto quello che facciamo. Le macchine sono in grado di svolgere molte delle nostre attività, a volte perfino meglio e in modo più efficiente, ma nessuno viene ispirato da una macchina. Sebbene le macchine possano essere più produttive rispetto agli esseri umani, i prodotti che realizzano mancano della qualità dell'amore. Quando non c'è amore in un'azione, essa diventa meccanica. Le persone che lavorano meccanicamente e senza amore diventano interiormente come macchine, diventano meno umani. Gli esseri umani possono amare, esprimere amore e vivere nell'amore; possono perfino diventare amore".

Amma s'interruppe improvvisamente e ci fu silenzio per qualche istante. L'orologio batté un colpo. Erano le dieci e trenta del mattino. Il tempo stesso stava inviando un monito ad ogni anima: "Non posso aspettarti, non posso tornare indietro. Qualunque cosa tu voglia fare, falla adesso, non rimandare. Ti sto portando verso la morte, anche se non ne sei consapevole". Amma era profondamente raccolta in se stessa. Gli occhi chiusi, si dondolava avanti e indietro.

Quando tornò allo stato di coscienza ordinario, riprese a parlare: "Certi pittori dipingono centinaia di migliaia di quadri, ma questi dipinti mancano d'intensità. Le loro opere non incantano, non toccano il cuore di nessuno. Non suscitano né amore né un senso di bellezza in chi le guarda. Sono tantissimi gli artisti che rientrano in questa categoria, dipingono fino alla fine dei loro giorni senza che il loro lavoro ispiri qualcuno.

Ve ne sono altri, invece, che non dipingono molti quadri, forse soltanto qualche tela, che però diventa famosa in tutto il mondo. La gente desidera ardentemente possederne una. Chi guarda una di queste opere si sente ispirato e pervaso da un senso di meraviglia. Se il tema della tela è l'oceano, se ne può avvertire la vastità e la profondità unicamente stando seduto davanti al quadro. Basta guardare il dipinto per vedere il mare, le onde e sentire perfino la brezza dell'oceano. Perché? Com'è possibile? Grazie all'immenso amore che l'artista ha messo nella sua opera. Anche se il quadro è appeso in una camera minuscola, sembra creare uno spazio vasto. Le montagne, le valli, i fiumi e gli alberi acquistano vita; vedete al di là della tela e del dipinto, contemplate la natura in tutta la sua magnificenza e gloria.

Se mettete anima e corpo in un'attività, essa diventerà una straordinaria fonte d'ispirazione. Ciò che abbiamo fatto con amore pulsa di vita e di luce. Quella presenza di vita e d'amore attrarrà irresistibilmente la mente delle persone. Un *Mahatma* mostra costantemente la via. Con pazienza vi istruisce, non una o due, ma migliaia di volte. Se non ascoltate, se disobbedite sempre, se pensate ancora di poter prendere in prestito da lui bellezza e amore invece di lavorare su voi stessi per acquisirle, finirà per ritirarsi e scomparire. Un *Mahatma* non ha nessun obbligo, nessun dovere verso il mondo se non quello che ha creato di sua spontanea volontà per il bene del mondo e dell'umanità.

Figli, Dio ci ha dotato delle facoltà necessarie per diventare come Lui. L'amore, la bellezza e tutte le qualità divine esistono dentro di noi. Dovremmo fare uso delle nostre facoltà per esprimere queste qualità divine nella vita. Non siate pigri e non sprecate il vostro tempo. La vita è un dono prezioso. Questo corpo umano è un dono raro. Lavorate con amore mentre siete ancora in buona salute. Non siate un peso per gli altri. Forse Dio non vi avrà fornito di denaro, ma se siete sani, impegnatevi anima e corpo in un'attività.

C'era una volta un mendicante povero, ma ancora in ottima salute. Si rivolgeva a ogni passante dicendo: 'O brav'uomo, guardami. Dio mi ha creato senza alcun mezzo di sostentamento: non ho niente, non ho parenti né qualcuno che si prenda cura di me. Abbi pietà di me'. Un giorno un passante molto saggio si fermò e gli disse: 'D'accordo, dammi le tue mani e ti darò un milione di dollari'. A tali parole, il mendicante esclamò: 'Come posso vivere senza le mani? Sono molto preziose per me!'. Il santo rispose: 'Va bene, non c'è problema. Cosa ne pensi allora delle gambe? Offro la stessa somma per entrambe le gambe'. Sconcertato, il mendicante replicò: 'Sei pazzo? Come posso dar via le mie gambe per un milione di dollari? Sono troppo preziose per me, non posso rinunciarvi neppure per una tale somma'. Il saggio chiese allora gli occhi dell'uomo, ma ricevette la stessa risposta. Il mendicante dichiarò che ogni parte del suo corpo gli era troppo cara e che non poteva separarsene neppure per un milione di dollari. Allora il saggio esclamò: 'Vedi, fratello, ogni giorno vai dicendo che Dio ti ha creato senza darti nulla, ma hai appena dichiarato che le mani, le braccia e gli occhi, che ogni parte del tuo corpo ha per te un valore inestimabile, è molto preziosa. Ora, non c'è alcun dubbio che Dio ti abbia dato questo corpo prezioso e inestimabile. Perché non lavori, usando il tuo corpo in buona salute per guadagnarti da vivere? Non stendere la mano chiedendo la carità quando stai bene; questa è pigrizia. A Dio non piace la gente pigra che vive alle spalle degli altri. A Dio non piacciono quelli che si comportano come parassiti. Perciò lavora, mio caro fratello, rimboccati le maniche!'.

Nessuno vuole impegnarsi, sforzarsi di raggiungere lo stato di perfezione. Sono tutti desiderosi di sapere se possono prendere in prestito pace, bellezza e amore da qualcuno o da qualche parte. Vedere la bellezza e l'amore che irradiano da un *Mahatma* suscita in loro la brama di averli. Vorrebbero diventare come lui e gli dicono: 'Lei è così bello, così meraviglioso! Non ho mai sentito un tale amore e una tale pace nella mia vita. Come posso diventare come lei?'. Il *Mahatma* gli indica la via, ma costoro non si impegneranno duramente per raggiungere tale scopo. Tuttavia, poiché continuano a desiderarli, chiedono se è possibile prenderli in prestito.

Un *Mahatma* è l'incarnazione dell'amore puro di Dio, la personificazione della bellezza eterna. Quando lo incontrano, le persone vengono attratte da lui e può capitare che anch'esse vogliano diventare amorevoli e meravigliose come lui; ma quando il *Mahatma* spiega loro il modo di sviluppare queste qualità, la grande rinuncia e l'abbandono necessari, esse aggrottano le sopracciglia e si tirano indietro. Si aspettano di poterli avere gratuitamente, senza nessuno sforzo. Questo stesso corpo è un dono gratuito che Dio ci ha dato per pura compassione. Tuttavia gli esseri umani sono avidi, vogliono sempre di più. Sempre di più, ancora di più, ma gratuitamente! Questo è il motto della loro vita.

Svolgete il vostro compito e adempite ai vostri doveri con tutto il cuore. Cercate di lavorare con un atteggiamento altruistico e con amore. Quando vi donerete interamente in tutto quello che farete, percepirete in ogni vostra azione la bellezza e l'amore. L'amore e la bellezza sono dentro di voi: cercate di esprimerli con le vostre azioni e toccherete sicuramente la sorgente stessa della beatitudine".

Ci fu di nuovo silenzio. Amma si mise a tracciare dei cerchi con la mano destra mentre mormorava dolcemente *Shiva Shiva Shiva Shiva*. Tutti avevano ascoltato con estrema attenzione la parabola raccontata da Amma e la sua spiegazione. La Madre chiese ai *brahmachari* di cantare *Maname nara jivitamakkum*. Appena cominciarono, lei si unì a loro.

Maname nara jivitamakkum

O mente, questa nascita umana è come un campo:
se non è ben coltivato,
diventa arido e sterile.
Non sai né seminare
né coltivare adeguatamente.
Non solo, non t'interessa neppure imparare.

Se avessi estirpato le erbacce, concimato
e accudito il campo con cura,
avresti potuto ottenere un buon raccolto.

I primi anni di vita
sono segnati da pianti disperati
e la gioventù trascorre nel godimento dei piaceri dei sensi.

Quando la vecchiaia è ormai prossima
tutta la tua forza ti verrà strappata,
diventerai come un bruco inerme
e trascorrerai i tuoi giorni nell'ozio,
aspettando ansiosamente la fine.

Dopo questo canto uno dei *brahmachari* chiese: "Amma, ci è sembrato che l'affermazione che il *Mahatma* si ritirerà e scomparirà se il discepolo non lo ascolta e non obbedisce sia un avvertimento per tutti noi. Stai cercando di dire che anche tu farai lo stesso se agiamo senza discernimento?". C'erano paura e preoccupazione nella sua voce.

Amma lo consolò dandogli una pacca sulla spalla, mentre iniziava a parlare: "Figlio, cerca di non fare paragoni. Amma non intendeva dire che anche lei se ne andrà se non la ascoltate, ma che il *Mahatma* non ha niente da perdere o da guadagnare. Siete voi a perdere se non seguite le sue parole. Perderete la bellezza, l'amore e la pace che vedete in lui e nelle sue azioni. In un certo senso, è come se scomparisse dalla vostra vita, non è così? Amma cercava semplicemente di dire che dovreste essere capaci di agire con amore e dedizione. Sforzatevi con tutto il cuore di seguire le orme del Guru. L'obbedienza alle parole del Guru è l'unico modo per superare tutti gli ostacoli che sorgono sul cammino spirituale.

Amma desiderava affermare che solo l'amore conferisce incanto e bellezza alle nostre azioni. Nessun lavoro è insignificante o inutile. La quantità d'amore e di dedizione con la quale l'avete svolto gli dona bellezza e significato.

Potreste pensare che pulire il bagno sia un lavoro sporco. Cercate di vedere questo compito come un'opportunità di servire i devoti che vengono in visita all'ashram. Se potete, pulite qualche luogo pubblico sudicio senza che vi venga richiesto. Fatelo soltanto per riguardo verso gli altri. Questa azione diventa un'opera d'arte. La purezza della vostra intenzione dona bellezza a questa attività e, come risultato, sentirete nascere in voi un senso di gioia sconosciuto.

Dietro a tutti gli eventi grandiosi e indimenticabili c'è il cuore. L'amore e un atteggiamento disinteressato sono alla base di tutte le grandi imprese. All'origine di ogni giusta causa troverete sempre qualcuno che ha rinunciato a tutto e ha consacrato ad essa la propria vita.

Guardate vostra madre quando cucina: lo fa con amore. Guardate un contadino nei campi: se lavora con amore e sincerità, può davvero creare onde di bellezza in quello che fa. È possibile sentire l'amore che infonde nelle sue azioni, il cuore con cui compie ogni cosa. Il contadino è felice ed entusiasta mentre svolge il proprio compito e senza fermarsi canta ad alta voce o canticchia un motivetto. Non pensa a mangiare né a dormire e non si preoccupa di quello che accade intorno a lui. È paziente e non gli importa quanto tempo occorrerà per portare a termine il lavoro. È per lui una gioia arare, seminare, irrigare e raccogliere. Questo è il significato della parola sincerità. La sincerità è la capacità di mettere tutto il cuore in ciò che si fa, la capacità di amare il proprio lavoro.

Figli, dovete adempiere i vostri compiti con sincerità. Che li consideriate importanti o insignificanti, che vi piacciano oppure no, dovreste svolgerli con interesse e amore. Quando vi comportate in questo modo, quando l'amore comincia a fluire in quello che fate, il vostro lavoro si trasforma in *sadhana*, diventa sempre meno difficile, finché un giorno tutto lo sforzo fisico e la tensione mentale scompaiono. Da allora in poi, cominciate a lavorare con tutto il cuore. L'amore sboccia dentro di voi e si riflette in tutto ciò che fate.

Perfino un santo, dopo aver raggiunto la realizzazione del Sé, può riprendere ciò che faceva prima, ad esempio spazzare la strada o lavorare nei campi. Ma adesso il suo atteggiamento è diverso. Dopo la Realizzazione, il suo distacco è totale. Egli è il testimone di ogni sua azione. Pieno di innocenza e di meraviglia, il santo non sa cosa sia la noia. È come un bambino, mai stanco di ascoltare il canto degli uccelli, di guardare i fiori, sempre emozionato dal sorgere della luna. Come il mondo del bambino, la vita del santo è colma di meraviglia. Per lui tutto è nuovo e fresco perché contempla l'essenza di ogni cosa con amore".

Amma si fermò prima di dichiarare: "Abbiamo parlato molto. Adesso fermiamoci e rivolgiamoci all'interno prima di concludere". Intonò un *kirtan*, che tutti ripresero in coro, dal titolo *Chintakalkantyam*.

Chintakalkantyam

O Luce gloriosa di eterna Beatitudine
che sorgi in me al cessare dei pensieri,
contemplando i Tuoi piedi dorati,
ho rinunciato a tutto con gioia.

Quando sei qui con me
non ho bisogno di nessun altro.
Possa io abbandonare subito l'ignoranza dell'egoismo!
Questa mente non conoscerà più la tristezza
quando avrà reciso il fiore del desiderio.
Fa' che si dissolva nella Tua luce e goda di grande pace.

Ti prego, dimora in me affinché io sia come l'aria,
che pur in contatto con ogni cosa
è libera da ogni legame.
O uomo, rifletti! Qual è lo scopo della tua vita?
Stai forse vivendo come un animale?

Dopo questo canto, tutti rimasero seduti in meditazione secondo le indicazioni di Amma. Infine la Madre prese una parte del pranzo che le avevano portato e dopo aver formato con questo cibo delle palline imboccò ognuno con le sue mani. Ogni *brahmachari* le si avvicinò per ricevere la sua parte di *prasad*. Mentre nutriva i suoi figli, scherzava allegra, felice di vivere ogni momento con i *brahmachari*. Uno di loro, che si comportava sempre come un bambino piccolo davanti a lei, si presentò due volte. Fu preso con le mani nel sacco. Amma esclamò ad alta voce: "Guardate qui, c'è un ladro. È già venuto ed ha avuto la sua parte". Con grande innocenza, il *brahmachari* replicò: "Dammene ancora. Poi verrò soltanto un'altra volta". Tutti scoppiarono a ridere e anche lei rise di cuore a questa risposta infantile.

Alla fine fu la volta di Gayatri. Amma prese una pallina di riso, pronta ad imboccarla. Gayatri sedeva con la bocca spalancata, in attesa di ricevere il *prasad*, ma ad un tratto Amma ritirò bruscamente la mano. Ancora una volta le risate riempirono l'aria. Gayatri arrossì, un po' imbarazzata. Allora la Madre disse: "Ecco, mia cara figlia, prendi". Di nuovo la giovane aprì la bocca mentre Amma le avvicinava la pallina di riso, fin quasi a toccarle le labbra. Ma ancora una volta, all'ultimo momento, si ritrasse, mentre un altro scoppio di risa pervadeva la stanza. Quando le risa si furono calmate, Amma guardò con fare birichino Gayatri, il cui volto era rosso per l'imbarazzo, poi con tenerezza e decisione le mise la pallina di riso in bocca. Abbracciandola con grande affetto, la baciò su entrambe le guance.

Era una scena molto commovente. Il viso della Madre esprimeva un amore e una compassione indescrivibili. Travolti da questo flusso di sentimenti materni, alcuni *brahmachari* riuscirono a stento a non piangere.

Poiché Gayatri vive costantemente con lei, Amma ritiene molto importante che la giovane sia perfetta sotto ogni punto di vista. A questo proposito la Madre ha detto: "Gayatri *mol* deve essere come una seconda madre per tutti ed è per questo che Amma non le lascia passare neppure il minimo errore". L'amore e la compassione di Amma per Gayatri sono indescrivibili. Sono rare le occasioni in cui la Madre mostra questi sentimenti, ma quando ciò accade e si è presenti, è una visione che allarga il cuore. Avevamo appena assistito a una scena di questo tipo.

Per i figli di Amma, è sempre una festa ricevere questo *prasad* da lei. In passato questo rito affettuoso avveniva quasi ogni giorno, ma da quando il numero dei residenti è aumentato, è sempre più raro. C'è anche un altro motivo che ha contribuito a porvi fine.

Nei primi tempi, prima che venisse stabilita una rigorosa routine quotidiana nell'ashram, Nealu, Gayatri, Unni e Balu erano gli unici discepoli residenti. Gli altri *brahmachari*, che ancora lavoravano o studiavano, venivano spesso all'ashram, ma le circostanze erano tali che non potevano risiedere permanentemente. Ogni volta che venivano in visita, da soli o in compagnia, Amma li imboccava e faceva lo stesso con i devoti che restavano per il pranzo. Amma mantenne questa usanza anche dopo che il primo gruppo di *brahmachari* venne ad abitare nell'ashram.

In seguito, tuttavia, quando i *brahmachari* cominciarono a studiare le Scritture, fu insegnato loro a pregare prima del pasto. Recitavano il quindicesimo capitolo della *Srimad Bhagavad Gita*, seguito dal *Brahmarpanam*, il versetto 24 del quarto capitolo della stessa opera:

Brahmārpanam brahma havir
brahmāgnaubrahmanā hutam
brahmaiva tena gantavyam
brahma-karma-samādhinā

L'atto di offerta è *Brahman*,
l'oblazione (il ghi) è *Brahman*,
versata da *Brahman* nel fuoco di *Brahman*.
In verità, chi agisce rimanendo costantemente assorbito
in *Brahman*, raggiungerà *Brahman*.

Un giorno Amma annunciò: "Ora che state recitando questo mantra, Amma non vi nutrirà più ogni giorno come soleva fare. A partire da oggi, non aspettatevelo. Bisogna praticare il mantra. Se ogni cosa è *Brahman*, anche voi siete *Brahman*. Com'è possibile allora nutrire *Brahman*?".

Da allora questo rito quotidiano cessò. Ancora oggi può capitare che lei imbocchi i suoi figli nell'ashram, ma solo di tanto in tanto. Questo gesto resta tuttavia un'esperienza particolare, impossibile da descrivere con le parole. Non è del semplice riso o altro cibo che la Madre distribuisce. Attraverso questo *prasad*, Amma trasmette il suo amore, la sua purezza, la sua compassione e le sue premure per i suoi figli.

Capitolo 5

Verso le quattro e mezza del pomeriggio, Amma stava giocando con dei bambini del vicinato, alcuni dei quali erano figli di devoti. Aveva costruito per loro un tempio di sabbia bagnata e decorato il tetto con fiori e foglie. Quando il tempio fu completato, ci fu il rito di consacrazione e la Madre installò una piccola foto di Krishna al suo interno. Amma era interamente assorbita da questo gioco e i bambini erano molto felici. Quando la cerimonia finì, tutti si alzarono e, seguendo le istruzioni di Amma, cominciarono a circumambulare il tempio. Amma aveva intonato il canto *Agatanayai* e i bambini ripetevano dopo di lei, in coro, le strofe.

Agatanayai

Il Signore Vishnu è venuto!
Il Signore Vishnu è venuto!
Adoriamo sempre il Signore.
Il Signore Supremo è venuto
per dare conforto al mondo.

Il Signore è venuto sulla Terra
per liberare gli uomini dal dolore.
Pieno di compassione, il Signore della pace
è sceso per mostrare la via alla Liberazione?

Guardando la Madre e i bambini cantare e divertirsi battendo le mani, non si aveva l'impressione che stessero giocando: sembrava una reale consacrazione. Dopo alcuni giri intorno al tempio, Amma e i bambini cominciarono a danzare al ritmo del motivo *Krishna Krishna Radha Krishna*. Chiudendo gli occhi come Amma, tutti i piccoli ballavano allegri con grande entusiasmo. Al termine del *bhajan*, la Madre si sedette per meditare e i bambini fecero lo stesso. Seduti in una postura perfetta, meditarono finché Amma li chiamò scuotendoli gentilmente uno ad uno e disse loro di tenersi pronti per ricevere il *prasad*: poco prima, la Madre aveva messo davanti al tempio delle caramelle che adesso venivano distribuite come *prasad* ai bambini.

Era stata una scena davvero suggestiva! Gli *ashramiti* che la stavano guardando in lontananza avrebbero tanto desiderato essere bambini per potersi unire ad Amma. Alcuni di loro cominciarono ad avvicinarsi per vederla meglio, ma altri glielo impedirono, temendo che la loro presenza potesse rovinare la bellezza dei momenti che la Madre stava passando con questi piccoli. Quindi tutti osservarono il gioco di Amma tenendosi a distanza.

I bambini non volevano lasciar andare via Amma, che giocava con loro come avesse la loro età. Rimanevano seduti attorno a lei, felici di chiacchierare, ridere e raccontarsi barzellette. Era proprio una festa, una vera e genuina celebrazione in cui i cuori traboccano di risa gioiose.

Dopo aver giocato con i bambini per un'altra mezz'ora, Amma si alzò e si diresse verso il tempio. Da una delle capanne si levava la meravigliosa melodia del flauto di Brahmachari Srikumar, pervadendo l'atmosfera. Sempre circondata dai bambini, Amma arrivò davanti al tempio. Una bimba di circa sei o sette anni la implorò dicendo: "Ammachi, cantiamo e giochiamo di nuovo al gioco del tempio!". Afferrandole la mano, continuò a ripetere la sua richiesta.

Voltandosi verso la ragazzina e strofinandole affettuosamente le guance, la Madre rispose: "Figlia, è abbastanza per oggi. Amma ha tante altre cose da fare".

"Questo gioco mi è piaciuto moltissimo", disse la fanciulla, "possiamo farlo ancora domani?".

Molto compiaciuta per la sua innocenza, la Madre l'abbracciò e la baciò sulle guance e disse più volte: "Figlia cara, figlia diletta di Amma".

Sciogliendola dall'abbraccio, le chiese: "Avrai la stessa devozione anche quando sarai grande?".

La ragazzina annuì con la testa.

Quando è in mezzo ai bambini, la Madre diventa anche lei una bimba, ci gioca e ci scherza assieme, facendoli sentire che è una di loro. Amma ha una considerazione speciale per i bambini e loro lo avvertono. Basta osservarla quando è assieme a dei piccoli per costatare quanto sia vero. È piena di premure nei loro confronti ed essi sono contenti e a proprio agio sulle sue ginocchia. Li fa sedere accanto a lei, ascolta con attenzione le loro chiacchiere e lamentele. Alla presenza di Amma, essi occupano un loro posto e hanno una loro importanza. Questa cosa è per loro così chiara che alcuni non vogliono lasciarla neanche quando il resto della loro famiglia è pronta ad andarsene. Molti provano più amore per Amma che per i propri genitori. L'attaccamento dei bambini per Amma nasce dall'amore puro e dall'interesse premuroso che lei mostra verso di loro. I bambini sono ricettivi e l'amore divino di Amma raggiunge subito il loro cuore. Con un così facile accesso, Amma li tocca nel profondo e loro lo percepiscono immediatamente. Il segreto che sta dietro a tutto ciò è l'amore puro e incondizionato.

Discernimento

Amma sedette nel cortile davanti al tempio, sulla sabbia, e fu
subito circondata dai residenti. Proprio allora arrivò Harshan,
il cugino di Amma. Era storpio e camminava con un bastone.
Harshan era molto devoto ad Amma. L'aveva sostenuta incon-
dizionatamente e provava grande simpatia per lei, anche quando
tutta la famiglia era contro la Madre. A volte, soltanto per farla
ridere, agiva in modo buffo. Harshan si prostrò e sedette accanto
agli altri. Felice di vederlo, Amma gli chiese come stesse andando
la pesca, dato che lui lavorava su un peschereccio. Essendo la
stagione delle piogge, la Madre voleva sapere la situazione dei
pescatori. Seguì una breve conversazione su come i monsoni
avessero gettato questi uomini nella povertà.

Harshan cantava i canti devozionali in modo molto particolare, aiutandosi con gesti e mimiche facciali. Amma gli chiese
di cantare un *kirtan*. Senza nessuna esitazione, l'uomo si mise a
cantare. Talvolta tendeva le mani verso la Madre, altre mimava
un musicista di professione, tenendo una mano sul petto e l'altra
verso l'alto. A volte la sua mimica facciale era eccessiva, altre
chiudeva gli occhi e, a mani giunte, si inchinava con reverenza
alla Madre. Stava cantando *Sundarini vayo*.

Sundarini vayo

Ti prego, vieni, Bellissima,
o sposa di Shiva, Ti prego, vieni.
Fonte di buon auspicio, Ti prego, vieni.
O Infinita, Ti prego, vieni.

O Vamakshi, sposa del Signore Shiva,
o Kamakshi che irradi in ogni dove il Tuo splendore,
Tu appartieni a quelli che Ti considerano
il proprio caro congiunto.

O Madre, Ti prego, resta,
sii come la primavera per la mia ispirazione.
Possiedi al tempo stesso una e molteplici forme,
sei la Luce dell'Assoluto.

Non leggi nel mio cuore come un libro aperto?
Non verrai da me
neppure ora che Ti imploro?

Amma sembrava molto contenta di ascoltare il canto e a volte rideva come una bimba innocente nel vedere i suoi gesti. Quando finì di cantare, Harshan si inginocchiò e si inchinò a lei. La Madre gli dette una pacca amorevole sulla schiena e lui fece finta di cadere su un lato, scatenando così fragorose risate. Anche la Madre rise di cuore.

Questa scenetta comica di Harshan si trasformò in un profondo insegnamento quando Amma rispose alla domanda di un *brahmachari* che chiese: "Amma, ti ho sentita dire che un ricercatore spirituale trascende ogni cosa quando perviene allo stato di Perfezione. Questo significa che non pratica più il discernimento, una delle qualità ritenute essenziali in un ricercatore spirituale?".

La risposta di Amma fu illuminante: "Figli, il discernimento occorre quando si è ancora coinvolti in un processo evolutivo. Il discernimento è necessario per capire la differenza tra ciò che favorisce il progresso spirituale e quello che ostacola il sentiero. Un ricercatore deve distinguere tra l'eterno e l'effimero, ma una volta conseguito lo stato di Perfezione ha rinunciato a tutto, perfino al discernimento. Non può aggrapparsi a nulla. Quando avete trasceso ogni dualità diventate l'universo, divenite l'Infinito stesso. Siete sia il giorno che la notte, siete al di là della purezza e dell'impurità.

Nel *Lalita Sahasranama*, i mille nomi della Madre divina, compaiono i mantra *Sad-asad-rupa dharini*, ovvero Colei che assume la forma dell'essere e del non essere, e *Vidyavidya svarupini*, Colei che è la Conoscenza e anche l'ignoranza. Il significato di questi versi è che la Devi, la pura Coscienza, è ogni cosa e anche al di là di ogni cosa. Se la Coscienza è onnipresente e onnipervadente, allora tutto ciò che esiste non è altro che Coscienza.

Dovete sempre ricordare che questa affermazione riguardo l'Assoluto non è applicabile agli aspiranti spirituali, a quelli che si stanno ancora impegnando a raggiungere la meta. Non può essere adottata da loro. Amma sta parlando dello stato di pura Coscienza. Per chi è pienamente stabilito nella Realtà, non c'è nulla che sia privo di Coscienza. Poiché la Coscienza pervade tutto non esistono differenze. Quando la Coscienza è il sostrato di ogni cosa, com'è possibile fare delle distinzioni? Un'Anima Perfetta non ha mente, non ha ego, ed è priva di *vasana*, anche latenti, perché le ha completamente sradicate. La sua mente è diventata perennemente silenziosa e quieta, per l'eternità.

Figli, i doveri e i divieti, il puro e l'impuro, il bene e il male, tutti questi concetti sono solo per la gente comune. I *Mahatma*, che hanno trasceso la coscienza corporea, non sono sottomessi a queste leggi, non ne sono influenzati. Se però un *Mahatma* sceglie di rimanere nel mondo per elevare la società, osserverà le sue regole, vi aderirà scrupolosamente in modo da dare l'esempio. Il mondo ha bisogno di un modello da seguire. Per evolversi, le persone hanno bisogno di osservare la morale, avere un buon carattere e possedere purezza.

La coscienza della gente comune è ancora limitata al corpo e quindi costoro non possono agire come le anime evolute che sono al di là delle norme di comportamento. Senza regole di condotta, la vita di una persona ordinaria sarebbe un disastro. Anche un *sadhak* ha bisogno di una vita disciplinata, altrimenti non può progredire; non può emulare una Grande Anima che dimora nello stato in cui tutto è stato trasceso. Il *sadhak* deve sforzarsi sinceramente di seguire le istruzioni del *Mahatma* o del Guru, ma non dovrebbe cercare di emularlo.

Figli, Amma era solita vivere soltanto di acqua e di foglie di *tulasi*. A volte si asteneva persino dal mangiare e dal dormire per mesi. C'è stato un tempo in cui si è nutrita di pesce crudo, foglie di tè già utilizzate, pezzi di vetro e a volte rifiuti. Non ha mai avuto la sensazione che qualcuna di queste cose fosse sporca o impura. A quel tempo, in lei non c'era né amore né mancanza d'amore. Non c'era né compassione né mancanza di compassione; esisteva solo qualcosa paragonabile allo spazio o al cielo, all'Infinito. Totalmente assorbita in questo stato non duale, non aveva nessun desiderio di ritornare.

Come potrebbero esserci i concetti di puro o di impuro, di pulito o di sporco, di bello o di brutto nello spazio? Nello stato di espansione infinita, dove non esistono né pensieri né mente, come potrebbe esserci una qualche idea di distinzione? In realtà, sia il bene che il male sono in quello spazio, paragonabile a un fiume che ingloba e lava via ogni cosa. Il fiume non discerne, non può dire: 'Soltanto la gente sana può bagnarsi nelle mie acque; non permetterò ai mendicanti e ai lebbrosi di bagnarsi'. Il fiume Gange non può parlare così; accarezza tutti, porta con sé ogni cosa, buona e cattiva, e accoglie tra i suoi flutti persino corpi morti e in putrefazione.

Con il tempo, questo stato di Amma è mutato: il richiamo interiore ha trasformato ogni cosa. Una volta che fate il *sankalpa* di dimorare in un corpo e di dedicarvi al bene del mondo, le cose cambiano e dovete seguire le vie tradizionali, le regole di condotta della società; altrimenti, se si trasgredissero le norme sociali, la società si sfascerebbe. Se vi comporterete in modo strano, senza badare alla morale e alle regole tradizionali, il vostro esempio sarà dannoso per quelli che vi circondano e invece di salvare il mondo lo distruggerete.

I nomi e le forme sono divisioni create dalla mente. Chi ha raggiunto lo stato di Perfezione ha trasceso la mente e l'intelletto. Per costui, i nomi e le forme cessano di esistere. Egli diventa spazio, diventa infinito. Può farsi carico del peso di un corpo sebbene non lo porti veramente. Fa quello che fa, mangia ciò che mangia, dice ciò che dice, ecco tutto. Egli è, semplicemente. Esiste in uno stato indifferenziato. Non è disturbato dal mondo né si preoccupa del mondo e della sua edificazione. Amma sta parlando dello Stato supremo in cui non ci sono né mente né pensieri. Attenzione a non cadere in errore: si sta riferendo all'esperienza di quello Stato supremo. È facile fraintendere, non comprendere correttamente e parlare di questo Stato anche senza aver capito nulla.

Ricordate, ci sono degli esseri illuminati, pronti a sacrificarsi per il mondo, che scelgono di venire nel mondo per condurre a Dio i ricercatori spirituali e i devoti, mostrando come fare attraverso le loro parole e azioni. Hanno deciso di rimanere in un corpo fisico per edificare la società e dimorano nello stato più alto del discernimento, ovvero nella costante esperienza che solo *Brahman* è reale e che il mondo (*jagat*) è irreale. Interiormente, risiedono costantemente in questo Stato supremo, ma esternamente sono impegnati, e in modo del tutto disinteressato, a operare per il bene del mondo, seguendo tutte le norme morali della società.

Ricordate che ciò riguarda solo coloro che restano nel corpo anche dopo la Realizzazione. Altrimenti siete quello che siete; ma per un *sadhak* che ancora si sforza di raggiungere lo stato di Perfezione è assolutamente necessario discernere tra il bene e il male, tra l'eterno e l'effimero".

La compassione porta un Mahatma ad incarnarsi

Consapevole che la Madre stesse parlando per esperienza personale, un *brahmachari* chiese: "Amma, hai detto che anche tu dimoravi in uno stato di completo assorbimento interiore per qualche tempo. Cosa ti ha spinto a scendere da questo Stato supremo?".

"La compassione", rispose Amma, "In qualche modo è apparso un pensiero. No, non in qualche modo; il pensiero era là, ecco tutto. L'idea di esprimere la compassione c'è sempre stata, era il *sankalpa*. L'idea della compassione è la fune grazie alla quale Amma ha potuto tornare in questo mondo.

La compassione è la qualità che mantiene questo corpo qui, nel mondo. Se non ci fosse questo *sankalpa* di compassione, il *Mahatma* non tornerebbe nel mondo e rimarrebbe in quello stato di assorbimento. Il suo comportamento può sembrare strano e lui può essere frainteso. Le persone hanno dei preconcetti persino su un'Anima realizzata che risiede in uno stato inaccessibile alle idee e cercano di rinchiuderla nella gabbia delle loro idee limitate. Poiché un *Mahatma* non è conforme a nessun modello, costoro lo definiscono pazzo.

Forse avete sentito parlare di un santo di nome Naranattu Bhrantan, che visse in Kerala alcuni secoli fa. Era un *avadhuta*[4] molto noto per la sua personalità e il suo comportamento bizzarro. Un giorno un aspirante spirituale voleva diventare suo discepolo e seguirlo ovunque andasse e così andò da lui esprimendo questo desiderio. Ma il *Mahatma* non aveva intenzione di accettare nessuno come discepolo e rifiutò la richiesta. Ciò nonostante l'uomo continuò ad insistere finché Naranattu acconsentì. 'Puoi seguirmi', disse, 'ma ad una condizione: qualunque cosa faccia, tu devi fare esattamente lo stesso'. 'Facile', esclamò l'uomo entusiasta, mettendosi a seguire il santo.

Naranattu Bhrantan camminò e camminò e camminò senza mai riposare e non mangiò né bevve per parecchi giorni. Non dormiva né parlava. Presto l'uomo fu esausto. Cercava di tenere il

---

[4] Un'Anima che ha realizzato il Sé ed è al di là di ogni norma sociale.

passo del *Mahatma*, ma non ci riuscì per molto. Alla fine disse al santo: 'Morirò se non mangio o bevo subito qualcosa'. Non molto tempo dopo arrivarono nella bottega di un fabbro dove si stava fondendo del piombo. Il *Mahatma* si diresse verso il recipiente di piombo bollente e cominciò a bere il piombo usando come coppa le sue mani.

Voltandosi verso il suo compagno, disse: 'Ehi, vieni qui! Bevine quanto ne vuoi'. L'uomo indietreggiò, si voltò e fuggì a gambe levate. Il santo della storia era conosciuto come *bhrantan*, ovvero 'il matto'. Poiché le persone non lo capivano, credevano che fosse matto. Il santo accettò questa situazione e non cercò mai di correggerle o d'insegnare loro qualcosa. Non tentò mai di spiegare loro il significato delle sue azioni. Non si curava affatto del mondo o di cosa la gente pensasse di lui.

Figli, ecco un'altra storia interessante che ha sempre lui come protagonista. Naranattu Bhrantan era solito cucinare nei cimiteri, usando la legna della pira funeraria come combustibile. Si dice che una notte, mentre stava cucinando, apparve con il suo seguito una delle semidee che danzano attorno alle pire funerarie per compiere la danza rituale di mezzanotte. Ordinò a Bhrantan di lasciare immediatamente il cimitero perché non poteva danzare in presenza di esseri umani. Il *Mahatma* non era disposto ad andarsene e così scoppiò un grande litigio. La semidea emise un ruggito e disse che era sua consuetudine danzare ogni notte attorno alle pire funerarie e che per nessun motivo avrebbe interrotto questa pratica. Il *Mahatma* sorrise e rispose freddamente: 'Come tu ti attieni così rigorosamente alla tua routine, così anch'io faccio lo stesso. Ogni giorno cucino sulla pira funeraria di un cimitero e quindi non posso andarmene. Se ci tieni tanto a danzare, perché non cerchi un altro cimitero? Io non mi muovo da qui'.

Vedendolo molto determinato e testardo, la semidea e il suo seguito cercarono di spaventarlo ruggendo forte e facendo gesti minacciosi. Il *Mahatma* si limitò a sorridere, rimanendo molto calmo e impassibile. Guardando la scena con l'innocenza di un bambino, rise di cuore alle loro pose feroci. Alla fine la semidea si arrese: aveva capito che costui non era un'anima comune e così cambiò tono: 'Grande Anima, mi arrendo. Che sia ciò che desideri. Me ne vado, ma prima di farlo, vorrei farti un dono. Per favore, dimmi cosa ti piacerebbe'. Il *Mahatma* replicò: 'Non voglio nessun dono, non c'è nulla che io debba ottenere né ho desideri da realizzare. La mia unica preghiera è di essere lasciato tranquillo. Lascia che mi concentri su ciò che sto cucinando'.

Tuttavia la semidea continuò a insistere affinché le chiedesse un favore e così il *Mahatma* finì per acconsentire: 'Va bene, dimmi la data esatta della mia morte'. Lei gliela disse e poi gli chiese di esprimere un altro desiderio perché ciò che gli aveva concesso non aveva grande valore. 'D'accordo', rispose il santo, 'Puoi ritardare o anticipare di un giorno la mia morte?'. La semidea rispose che ciò che chiedeva non era in suo potere e lo pregò di domandare qualcos'altro.

Mosso a pietà, il *Mahatma* indicò il suo piede sinistro affetto da elefantiasi e disse: 'Poiché sei così gentile da volermi accordare una grazia, trasferisci questa malattia dal piede sinistro a quello destro'. Dopo che lei l'ebbe fatto, il *Mahatma* le chiese di andarsene perché non voleva altre benedizioni. Obbediente, la semidea scomparve immediatamente assieme al suo seguito.

Le vie di una Grande Anima sono bizzarre. L'intelletto umano non può capire tali esseri e così li definisce pazzi. Questa loro apparente follia ha uno scopo: aiutare gli esseri umani a diventare consapevoli della loro follia, che li spinge a correre dietro alla fama, all'onore e alla ricchezza. Senza questa presa di coscienza, non c'è rimedio alla follia umana. Un *Mahatma* non ha nulla da ottenere o da guadagnare, è al di là di ogni possibile acquisizione. Ha raggiunto tutto ciò che c'era da raggiungere ed è sempre in uno stato di assoluta pienezza. Ciò che vediamo quando il suo cuore trabocca, lo chiamiamo amore e compassione. Un *Mahatma* può scegliere di rimanere completamente raccolto interiormente o traboccare d'amore; dipende da lui.

La storia appena raccontata intende mostrare il comportamento di un'anima totalmente abbandonata a Dio e come un *Mahatma* abbia il completo controllo su ogni aspetto del Divino. In lui non c'è la minima paura, angoscia o agitazione. Nulla lo inquieta né lo tocca. Pur avendo il potere di cambiare il destino, o *prarabdha*, se lo desidera, lo accetta volentieri. Non vuole cambiarlo. Ignorando la paura, sceglie di buon grado di affrontare ogni situazione che gli si presenta. La paura nasce quando si è in balìa dei propri desideri egoistici e meschini e si pensa soltanto a se stessi. Una volta vinta questa paura, potete sorridere mentre osservate le sfide della vita. Un *Mahatma* ha trasceso le *vasana* tenendo a freno i desideri e le onde dei pensieri e così può sorridere di cuore, restando semplicemente il testimone di ogni cosa.

Ma avete notato come il *Mahatma* di questa storia non avesse alcuna compassione? Non aveva né compassione né mancanza di compassione. Non aveva alcun rapporto con il mondo, dimorava stabilmente nell'Assoluto. Si potrebbe dire che fosse come chi è privo del corpo. La compassione è la qualità che spinge un *Mahatma* a restare nella società e a impegnarsi ad elevarla. È solo per compassione che aiuta i *sadhak*, i devoti, i discepoli e chiunque gli si avvicini".

Stava giungendo l'ora dei *bhajan* serali. Amma chiese a tutti di andare a prepararsi, mentre lei andò a sedersi nel suo solito posto davanti al tempio. Uno per uno i residenti vennero a prendere posto. Amma rimase dov'era, la schiena appoggiata alla parete. Dimentica di questo mondo, guardava con intensità il cielo.

Lo spazio davanti al tempio si riempì presto di *ashramiti*. I *bhajan* cominciarono, anche se inizialmente Amma non vi prese parte. Era sempre seduta, immobile, guardando al di là di questo mondo.

Brahmachari Srikumar cantò *Arikullil*, un *bhajan* che aveva composto quando era lontano dalla Madre, in cui descrive l'atroce sofferenza per non essere con lei. È dunque un canto che esprime ciò che aveva nel cuore. La sua voce comunicava questi stessi sentimenti.

Arikullil

Tramontando sull'oceano a occidente
il sole ha descritto la fine del giorno con il suo triste lamento.
Tutto questo non è che il gioco dell'Architetto universale,
perché dunque rattristarsene,
o fiori di loto che vi state chiudendo?

Questo mondo così pieno d'infelicità e di dolore
non è che l'opera di Dio, il Creatore,
e io, nelle Sue mani, sono solo uno spettatore,
una semplice marionetta,
neppure capace di versare una lacrima.

Come una fiamma, brucio per essere separato da Te.
La mia mente arde e si consuma.
Sballottato in questo oceano di dolore,
affondo, non trovando la riva.

Dopo il primo *bhajan*, Amma si unì al canto di *Nilambuja nayane*. Il suo cuore traboccava, creando onde dopo onde di beatitudine e di estasi.

Nilambuja nayane

O Madre dagli occhi di loto blu,
non darai ascolto
al pianto convulso di questo cuore affranto?
Forse adesso sto vagando solitario per le azioni
commesse nelle nascite precedenti.

Ho attraversato tante ere
prima di nascere in questo corpo.
Non mi attirerai a Te con un abbraccio materno,
ponendomi sul Tuo grembo?

Forse non lo merito, o Madre.
È per questo che abbandonerai questo Tuo figlio?
Non verrai e mi metterai vicino a Te,
posando su di me il Tuo sguardo compassionevole?

Capitolo 6

Alle dieci e trenta del mattino Amma era già nella capanna a dare il darshan ai suoi figli. Essendo domenica, giorno di *Devi Bhava*, molta gente era venuta per ricevere le benedizioni della santa Madre. Le piogge, quasi quotidiane, dovute ai monsoni, non scoraggiavano i devoti dal recarsi a ricevere il suo darshan.

Guardare Amma che dà il darshan ai suoi figli è sempre un'esperienza unica. Le persone arrivavano e si avvicinavano a lei una alla volta. Alcuni piangevano e aprivano il loro cuore alla Madre cercando la sua grazia e le sue benedizioni, mentre altri ridevano felici, manifestandole la propria gioia e gratitudine per la sua grazia infinita. Altri ancora avevano un solo desiderio: progredire spiritualmente. Pregavano chiedendole la sua misericordia e la sua guida costante. Ve n'erano certi che avevano ancora desideri da realizzare e altri volevano che Amma risolvesse i loro problemi. Era una catena senza fine di gente e di problemi. Lei consolava coloro che piangevano, asciugava le loro lacrime e li rassicurava dicendo che gli sarebbe stata sempre vicina. Amma rideva con coloro che gioivano e partecipava di cuore alla loro contentezza. Non c'era da meravigliarsi se la gente affrontava il tempo inclemente per venire a cercare conforto e sollievo da lei. Le sue ali protettive sono vaste quanto l'universo. La premura amorevole di Amma per tutti i suoi figli è certa e raggiunge ogni dove.

Sii coraggioso

Durante il darshan, un giovane si avvicinò alla Madre lamentandosi di soffrire di un terribile dolore al collo da due anni. Disse che questo dolore atroce non gli lasciava tregua né di giorno né di notte e aggiunse anche che non riusciva a dormire profondamente poiché il dolore diventava più intenso al calare della notte. Anche mentre parlava con la Madre, sembrava in preda a un forte dolore.

Amma lo ascoltò con un sorriso malizioso sul volto, fatto piuttosto insolito. In genere, quando qualcuno le si avvicina con un problema simile, lei s'immedesima subito con quella persona e con la sua sofferenza; è solidale con lui, lo consola e accarezza con affetto la zona dolente. Partecipa in ogni modo possibile a quel dolore. Ma nel caso di questo giovane non dimostrava né compassione né amore. Continuò a sorridere e a guardarlo in viso per un po'. Lentamente il sorriso scomparve e il volto assunse un'espressione molto seria. Amma guardò il giovane dritto negli occhi: lo sguardo e i suoi occhi erano così penetranti che il ragazzo non riuscì a sostenerli e chinò il capo. Passarono alcuni istanti senza che lui osasse sollevare la testa.

L'espressione sul viso di Amma divenne ancora più grave e poi disse: "Senti, ti sembra questo il luogo in cui recitare la tua farsa?". La sua voce era profonda e incuteva timore.

Il giovane alzò la testa. Atterrito, cominciò a tremare. Infine lanciò un forte grido e scoppiò a piangere. Tra le lacrime gridò: "Perdonami! Perdonami! Non maledirmi! Non punirmi! Ho paura. Ho finto di avere male al collo. Ti prego, perdonami. Ti prego, perdonami. Ti prego, perdonami." Il ragazzo non smetteva di ripetere queste parole.

Nel vedere la sua disperazione, Amma non poté far altro che lasciar traboccare la sua compassione materna. "Figlio, figlio", disse, "non c'è problema, non c'è problema. Non ti preoccupare. Come potrebbe Amma maledirti o punirti? Non può fare nessuna delle due cose. Come potrebbe una madre sognarsi di agire in questo modo? Non piangere. Rilassati. Sii sereno, non avere paura, sei stato perdonato non appena hai compreso il tuo errore, non piangere". Amma lo abbracciò, gli asciugò le lacrime, gli mise la testa sulle ginocchia e gli accarezzò la schiena con compassione ed amore.

Il ragazzo era un ateo, uno scettico che non aveva affatto fede in Amma. Pensava che fosse soltanto una comune ragazza di paese a cui la gente attribuiva una natura divina ed era venuto con la segreta intenzione di smascherarla. Il suo piano era di far credere ad Amma di avere un forte dolore al collo e si aspettava di essere confortato e alleviato da lei. Solo in seguito le avrebbe segretamente rivelato la verità. In questo suo sogno di gloria e di successo, immaginava che sarebbe uscito a testa alta dopo aver raggiunto il suo obiettivo, ma il piano era saltato in aria. Intendeva umiliare la Madre, ma infine era stato lui ad essere umiliato.

Il giovane piangeva e chiedeva perdono ad Amma. Quando si sentì un po' rincuorato, sollevò la testa dal grembo di Amma e si sedette accanto a lei, sempre a testa china. La Madre riprese a dare il darshan ai devoti mentre i *brahmachari* cantavano *Amma Amma Taye*.

Amma Amma Taye

O Madre, Madre, Madre Divina adorata,
Signora dell'universo
che doni nutrimento a tutte le creature,
Tu sei la Suprema Energia primordiale.

Ogni cosa nel mondo avviene
grazie al Tuo gioco divino.

Proteggimi, Madre! O Madre, proteggimi!
Hai generato milioni e milioni di esseri
senza averli portati in grembo.

Sei lo scopo della mia vita, o Madre,
non ignorarmi, Dea del mondo.
Tu sei la dea Lalita e governi il mondo.

O Madre, se continui a gettarmi nelle avversità,
chi altri mi proteggerà?
O Madre dagli occhi incantevoli,
Tu sei la Testimone onnipresente di ogni cosa.

Al termine del canto, il giovane ricominciò a singhiozzare come un bambino. Sorridendo, Amma lo guardò e disse: "Figlio, non sentirti in colpa. Dimentica ciò che è successo. Sii coraggioso. Sei stato abbastanza coraggioso da venire di fronte ad Amma fingendo di avere un terribile dolore al collo. Dov'è ora questo grande coraggio? Quando decidi di compiere un'azione, devi anche avere il coraggio di affrontarne le conseguenze, qualunque esse siano. Molti hanno scelto una strada sbagliata. Talvolta, pur sapendo di essersi allontanati dal giusto cammino, continuano a percorrerlo, determinati ad affrontare e accettare i risultati, favorevoli o meno.

Ma guardati, guarda in che stato sei. Non puoi mostrare un po' più di coraggio? Figlio, puoi decidere di arrenderti o di dichiarare guerra. Arrendersi richiede un po' più di coraggio, ecco tutto. Colui che si abbandona all'Essere Supremo è il più coraggioso di tutti. In realtà, colui che dichiara guerra ha paura: è la paura che lo spinge a dichiarare guerra. Teme di perdere e che sia l'altro a vincere. Ha paura che le sue idee non sopravvivano. Ha paura di non riuscire a sopraffare l'avversario. Pensa a lui giorno e notte e questo pensiero lo turba costantemente. Tale ostilità crea l'inferno nella sua mente e lo fa vivere nella paura.

Dopo aver rapito Sita, Ravana viveva nella paura di Rama, lo sposo di Sita. Kamsa, lo zio malvagio di Sri Krishna, era oppresso dal terrore di suo nipote. La paura dei Pandava rodeva Duryodhana, il figlio maggiore del re cieco Dhritharasthra.

Gli atei e i non credenti di oggi hanno la stessa natura: vivono nella paura. Diversamente dagli eroi dei tempi passati, coloro che si vantano di essere atei e non credenti non hanno però il coraggio di accettare le conseguenze dei loro atti. Anche quegli eroi del passato erano scettici e razionalisti, ma avevano molto più coraggio degli scettici e dei non credenti di oggi.

Nonostante l'audacia mostrata nel compiere azioni ingiuste, vivevano nella paura. Ravana temeva che Rama l'avrebbe ucciso quando sarebbe venuto a liberare Sita. Kamsa era oppresso dalla paura che Krishna sarebbe venuto e lo avrebbe assassinato e Duryodhana temeva il potere dei Pandava, tanto più che Krishna si era schierato con loro. La paura trasformò la vita di questi uomini in un inferno. Per cercare di eliminare i loro nemici, architettavano continuamente complotti e piani. Non trovando mai pace, vivevano nella tensione e nella disperazione. Questo è ciò che accade a chi rifiuta di abbandonarsi.

L'abbandono di sé rimuove ogni paura e tensione e porta alla pace e alla beatitudine. Dove c'è l'abbandono di sé non c'è paura e viceversa. L'abbandono di sé è inseparabile dall'amore e dalla compassione. La paura, invece, genera odio e inimicizia. Per abbandonarsi, occorre però molto coraggio, il coraggio di rinunciare a se stessi. Sacrificare il proprio ego richiede audacia. Abbandonarsi significa accogliere e accettare ogni cosa senza provare il minimo dispiacere o disappunto.

Quindi, figlio, se vuoi combattere fai pure. Continua i tuoi sforzi per smascherare Amma come un'imbrogliona, ma almeno cerca di essere intrepido e risoluto. Guardati: hai perso la tua forza e la tua sicurezza. Non lasciare che questo accada, sii coraggioso e non perdere la fiducia in te stesso".

Il giovane rimase in silenzio. Sembrava profondamente assorto nei suoi pensieri. Alcuni devoti che erano seduti nelle vicinanze espressero la loro collera verso di lui con osservazioni taglienti. Amma li fermò, dicendo: "No, no. Non dovete fare così, non offendete i suoi sentimenti. Facendo commenti così duri state dando un cattivo esempio. Amma non vuole criticarlo né insultarlo, gli sta dicendo queste cose così che possa elaborarle, per il suo bene. È libero di accettarle o di rifiutarle.

Inoltre, questa vostra espressione di collera risveglia le vostre *vasana* negative. Usate il discernimento, dovete imparare ad ascoltare e a rispondere senza essere reattivi. Perciò, figli, Amma non vi permetterà di essere sgarbati con lui. Non vuole che lo condanniate. Perché dovremmo farlo? Che bene può fare a lui o a voi? Un atteggiamento di condanna nuocerà soltanto alla vostra e alla sua mente. Non è il comportamento giusto. Reagire non porterà beneficio né alla vittima né a voi. Non reagite, dunque. Imparate a rispondere".

Rispondere, l'opposto di reagire

Uno dei devoti che aveva espresso collera verso quel giovane chiese ad Amma: "Amma, cosa intendi con 'rispondere'? Capisco cosa significhi reagire perché lo facciamo abitualmente, ma come si dovrebbe 'rispondere'?".

Amma spiegò la differenza: "Ci sono diversi modi per spiegarlo. Rispondere significa accettazione totale, ma vuol dire anche non accettazione pur mantenendo un'attitudine positiva. Oppure restare semplicemente ad osservare la reazione che sorge in voi senza accettarla né rifiutarla. Voi rimanete all'esterno, completamente distaccati. Ricordate: vedete sorgere delle sensazioni, ma non ne siete toccati. Rimanete spettatori, non fate parte della scena. Per poter rispondere, bisogna diventare come uno specchio, essere capaci di riflettere con esattezza i sentimenti degli altri. Uno specchio riflette, non partecipa mai; le immagini non lo coinvolgono né lo macchiano.

È come quando guardate un film. Voi siete all'esterno, guardate e osservate semplicemente, apprezzando la pellicola. Siete contenti di poter assistere allo spettacolo e non vi identificate mai con le azioni che si susseguono. È molto bello se riuscite ad avere un tale atteggiamento: essere capaci di restare al di fuori degli eventi, guardandoli con un sorriso divertito. Soltanto chi ha un cuore pieno di compassione è in grado di rispondere".

Questa spiegazione sollevò una domanda: "È possibile per una persona comune giungere a questo stadio?".

"Questo genere di dubbi non lo renderà certo possibile", rispose Amma, "Figli, se volete raggiungere un obiettivo materiale, ad esempio guadagnare un milione di dollari, comincerete subito a rimboccarvi le maniche senza perdere tempo. Non potrete aspettare. Farete dei grandi sforzi e lavorerete duramente per realizzare il vostro scopo. Vi impegnerete con zelo, dimenticando tutto il resto, persino il cibo e il sonno, tanto intensa è la vostra motivazione. Se volete diventare dottore o ingegnere, studiate sodo per diventarlo. Quando però il vostro scopo è di natura spirituale, cioè consiste in qualcosa che vi aiuterà davvero a vivere in pace, nutrite centinaia di dubbi e vi ponete un'infinità di domande sulla possibilità di riuscire. Che peccato! Se non tentate neppure, siete sconfitti ancora prima d'iniziare.

L'intelletto umano ha portato l'umanità a raggiungere alti livelli in ambito scientifico. Un tempo, le persone ritenevano impossibili molte realizzazioni della scienza contemporanea, non si sarebbero mai sognate che gli esseri umani potessero camminare sulla luna o potessero vedere, da casa propria, avvenimenti che si svolgono in un'altra parte del mondo con un piccolo apparecchio chiamato televisione. Pensate alle numerose conquiste della scienza moderna, un tempo inconcepibili, che ora diamo per scontate. Da dove vengono? Qual è la fonte di queste meravigliose invenzioni? Sono tutte frutto dell'intelletto umano.

Queste invenzioni e realizzazioni sono prove evidenti dell'enorme potere della mente umana, che si manifesta quando focalizziamo la mente sulla ricerca in campo scientifico. Eppure il potere dell'intelletto di uno scienziato non è che una parte infinitesimale del potere infinito e incommensurabile che possiede la mente umana.

Questo potere infinito esiste in tutti gli esseri umani. Se una persona è determinata a realizzare qualcosa, niente le è impossibile. Nulla può soggiogarla, vincerla o controllarla, se è abbastanza coraggiosa da tuffarsi nelle profondità della sua stessa mente, della sua stessa coscienza. Può attingere alla sorgente stessa del potere. Amma vi può garantire la verità di questa affermazione, a patto che ci si sforzi sinceramente.

Nel mondo ci sono molti Maestri che hanno raggiunto questo stato supremo. Se loro ci sono riusciti, perché non potreste riuscire anche voi? Perché dubitate? Provateci. Il dubbio è qualcosa che si apprende. Vi viene insegnato a dubitare mentre non vi si insegna mai a credere, ad avere fede. Il dubbio è il vostro nemico numero uno. La fede è la vostra migliore amica. Abbiate fede, impegnatevi, e vedrete i risultati".

Un gruppo di devoti provenienti dal nord del Kerala iniziarono a recitare alcuni versi tratti dal *Devi Mahatmyam*.

Devi Mahatmyam

O Devi, che distruggi la sofferenza di coloro che Ti implorano, mostrami la Tua benevolenza.
Sii propizia, o Madre del mondo.

Sii benevola, o Madre dell'universo. Proteggi l'universo.
O Devi, Tu regni su tutto ciò che esiste,
animato e inanimato.

Sei l'unico sostrato del mondo
perché sussisti nella forma della terra.
Grazie a Te, che esisti sotto forma di acqua,
l'universo intero è appagato, o Devi di eccelso valore.

Sei il potere di Vishnu e la Tua grandezza è immensa.
Sei la maya primordiale che ha dato origine all'universo,
Colei che ha gettato questo universo nell'illusione.
O Devi, se mostri la Tua benevolenza,
divieni, in questo mondo, la causa della liberazione finale.

Tutte le scienze sono un Tuo aspetto, o Devi,
così come lo sono tutte le donne con le loro qualità.
Tu sola, o Madre,
riempi con la Tua presenza questo mondo.
Né gli inferi né i mondi superiori
sono in grado di cantare le Tue lodi.

Così tanto amore e devozione trasparivano dal canto melodioso degli *sloka* sanscriti che alcuni presenti entrarono in un profondo raccoglimento interiore. Rapiti, cominciarono a fare diversi gesti quali tendere le braccia verso Amma o alzarle, unire i palmi delle mani in segno di saluto verso Amma. Alcuni versavano lacrime d'amore mentre cantavano con grande fervore. I devoti erano molto emozionati per la possibilità di cantare per lei e la Madre li guardava con occhi colmi di compassione. Il suo volto aveva lo splendore della luna piena. Il suo sguardo e il suo sorriso accattivante agirono come un potente incantesimo sui devoti, il cui viso era rigato di lacrime mentre si elevavano fino alle vette della devozione suprema e continuavano a recitare l'inno di gloria alla Devi.

Amma sedeva immobile sul lettino, con i gesti e le espressioni che manifesta durante il *Devi Bhava*: le sue mani formavano un *mudra* sacro e un sorriso di beatitudine illuminava il suo volto mentre li guardava cantare. Un'ondata gigantesca di suprema devozione si levò in loro man mano che il canto diveniva più estatico. L'atmosfera era tale che l'intera capanna vibrava. La Madre restò seduta in questo stato per un certo tempo, poi distolse l'attenzione dai devoti, sempre raccolta interiormente. Gradualmente il canto ebbe fine. Un silenzio perfetto regnava nella capanna del darshan. I devoti gustavano la beatitudine della meditazione profonda. Inebriato, uno di loro, il cuore colmo di devozione e d'amore, piangeva e rideva allo stesso tempo mentre di tanto in tanto la chiamava, esclamando: "Amma, Amma!". Alcuni sedevano contemplando il volto della Madre. Passarono circa cinque minuti prima che lei aprisse lentamente gli occhi mormorando: "*Shiva, Shiva, Shiva, Shiva*" mentre disegnava dei cerchi con la mano destra, un gesto che i devoti conoscevano ma di cui non comprendevano il senso.

Amma riprese a ricevere i devoti. Colui che aveva fatto la domanda sul "rispondere" a una situazione voleva saperne di più.

Amma disse: "Continui a chiedere cosa significhi rispondere e come riuscire a farlo. Amma può parlartene e darti una risposta convincente, ma questo non ti sarà di grande aiuto. La gente vuole solo una risposta che soddisfi l'intelletto. Una volta ricevuta, la mente si acquieta per un po' e poi si rimette a dubitare, a sollevare un'altra obiezione, a porre un'altra domanda. Così, le risposte rappresentano spesso cibo per la mente. Ogni volta che soddisfate la fame della mente dubbiosa, la state, in realtà, nutrendo con nuove idee. Questo modo di agire diventa facilmente un'abitudine e così non iniziate mai a coltivare la fede nel vostro cuore. Non vi affidate mai al cuore e, senza fede né amore, come potete imparare a rispondere a una situazione?

Figli, tutti i grandi Maestri di questo mondo, sia in Oriente che in Occidente, insegnano l'arte del rispondere alle situazioni, non reagiscono mai. L'intera loro vita è una testimonianza vivente di questo grande principio. Gesù Cristo ha dato un esempio indimenticabile su come rispondere: lasciò che il suo corpo venisse torturato e crocifisso e perfino mentre stava morendo sulla croce pregò per i Suoi nemici. Pregò per il loro bene, perché venissero perdonati.

Quando Kaikeyi, la matrigna di Sri Rama, chiese come favore l'esilio di Rama nella foresta per quattordici anni, Lui accettò l'esilio con un sorriso, senza provare nessuna ostilità verso Kaikeyi. Con un sorriso sulle labbra, Sri Rama toccò riverentemente i piedi di Kaikeyi, il cuore colmo di rispetto e d'amore. Accettò l'esilio come un dato di fatto, senza nessuna collera. Per contro, Lakshmana voleva uccidere Kaikeyi per il suo comportamento malvagio. Quando venne a sapere della triste sorte del fratello maggiore, Lakshmana montò su tutte le furie e decise che si sarebbe vendicato. Chiese a Rama il permesso d'imprigionare il loro padre, che chiamava 'il re ingiusto e succube della moglie'. La reazione di Lakshmana fu terribile, mentre quella di Rama edificante. In effetti, fu proprio vedere la risposta di Rama che aiutò Lakshmana a calmarsi.

Anche quando siete coinvolti in un conflitto, potete esercitare questa virtù. Nella battaglia tra Rama e Ravana, Sri Rama uccise il cocchiere ed i cavalli di Ravana, distrusse il suo cocchio e poi lo disarmò completamente. Avendo perso ogni speranza di potersi salvare, Ravana aspettò di essere trafitto dalle frecce appuntite del dio Rama, ma invece dello schiocco delle frecce sentì la voce del Signore Rama dire con tono pacato: 'Ravana, vedo che sei completamente disarmato. Potrei finirti ora se volessi, ma non lo farò. Uccidere qualcuno disarmato e indifeso è contro il *dharma*. Quindi, torna al tuo palazzo, riposa, cura le tue ferite e ritorna domani, rinvigorito e ben armato'. Che nobile nemico era Rama! Anche sul campo di battaglia, persino anche dopo che Ravana aveva commesso il crimine imperdonabile di rapire la sua divina sposa, Rama non mostrò nessun rancore e riuscì a pronunciare parole piene di bontà e di saggezza sebbene l'avesse di fronte, disarmato e impotente. Questo è rispondere.

Ecco un altro esempio. Quando il cacciatore scoccò la freccia affilata e mortale che avrebbe messo fine al corpo di Krishna, Lui non reagì, non cercò di punirlo. Al contrario, Sri Krishna benedì il cacciatore accordandogli l'immortalità. Gli concesse di raggiungere la meta più alta della vita, *mukti*. Questo è rispondere".

"Mi sembra che rispondere equivalga a perdonare", commentò colui che aveva posto la domanda.

"Proprio così, perdonare senza nessun sentimento di odio o desiderio di vendetta", disse Amma, "Ci sono persone che perdonano, ma covano un odio intenso; perdonano, ma nel loro cuore hanno sete di vendetta. Talvolta, per un motivo o per l'altro, sembra che le persone siano riuscite a perdonare. Ad esempio, se un uomo picchia un altro, quest'ultimo potrebbe non colpirlo a sua volta perché sa che il suo avversario è più forte. Non possiamo dire che questo sia perdonare. Anche se non reagisce, la sua mente è accecata dalla vendetta. Allo stesso modo, quando un padre picchia il figlio, oppure un insegnante punisce uno studente, né il figlio né lo studente controbatteranno, ma interiormente nutriranno molto rancore. Questo non è perdono, ma solo soppressione della collera. Non si può neppure affermare che sia rispondere a una situazione. L'ira inespressa si anniderà nel profondo e si manifesterà appena se ne presenterà l'occasione e allora si avrà una reazione, non una risposta.

C'era una volta un *Mahatma* che era un monaco errante. Un giorno, mentre sedeva sotto un albero, passò di lì un mascalzone che lo colpì con un bastone. Colpì così forte le spalle del monaco che il bastone gli sfuggì di mano e cadde a terra. Il *Mahatma* si alzò e lo raccolse. Pensando che lo volesse colpire, il furfante fuggì, inseguito però dal *Mahatma*. Alcune persone che da lontano l'avevano visto scappare dopo aver bastonato il monaco, lo fermarono e lo catturarono. In quel momento il *Mahatma* li raggiunse con il bastone in mano. Porgendolo al mascalzone, disse con calma: 'Volevo ridarti il bastone, tutto qui'. Mentre si voltava per andarsene, le persone che avevano catturato il furfante dissero: 'Cosa? Questo delinquente ti ha appena colpito violentemente sulle spalle. L'abbiamo visto. Dev'essere punito. Devi bastonarlo, non una, ma parecchie volte'. Il saggio sorrise e replicò: 'No, non posso. Perché dovrei? Mi ha colpito: va bene, ne prendo atto, ma non capisco perché dovrei bastonarlo anch'io. E se uno dei rami di quell'albero sotto cui sedevo si fosse spezzato e mi fosse caduto addosso? Non avrei raccolto il ramo per colpire l'albero. Allo stesso modo, lui mi ha colpito e io lo accetto. L'ha fatto per ignoranza. Dovrei sentire compassione, non collera, per la sua ignoranza. In una vita precedente, forse l'ho colpito e ora raccolgo il frutto della mia azione. In tal senso, non è lui che mi ha colpito, ma il mio passato che lo ha spinto a farlo. Ora, se gli rendessi la pariglia, creerei altro mio *karma*, aggiungerei ulteriore *karma* sul conto che sono venuto a chiudere'. Detto ciò, il *Mahatma* se ne andò senza dire altro.

Figli, rispondere è un'attitudine che si assume quando si ha completo distacco e questo è possibile unicamente quando ci si è liberati dall'ego. Soltanto chi è privo di ego è in grado di rispondere. La risposta avviene quando si raggiunge lo stato in cui non c'è più la mente. La mente e l'ego possono solo reagire. In realtà sono loro che spingono una persona a reagire. La mente e l'ego sono il deposito che custodisce il passato. Il passato è la dimora di negatività come la collera, l'odio, il desiderio di vendetta, l'attaccamento e la gelosia ed è anche il fautore dei problemi. Se il passato non esistesse per noi, i problemi non sorgerebbero e ci sarebbero soltanto pace e beatitudine. Il passato è il conto su cui continuiamo a depositare attraverso le nostre reazioni. Per contro, un *Mahatma* distrugge completamente il passato e smette di depositare sul suo conto. Una volta che il passato è scomparso, anche l'ego scompare e così pure la sostanza della mente. A questo punto non si può più reagire, ma solo rispondere con amore poiché ogni riferimento ha smesso di esistere in colui che ha raggiunto questo stato. Il passato è il libro di riferimento: una volta eliminato, non c'è più nulla a cui possiamo riferirci".

Quest'ultimo commento fece nascere la seguente domanda: "Il passato è il libro di riferimento! Cosa intendi, Amma?".

Amma rispose: "Il passato è come un vocabolario o un dizionario di sinonimi. Ogni volta che sentiamo qualcosa o facciamo un'esperienza, consultiamo le vecchie pagine del libro per trovare significati, interpretazioni o abitudini usati in precedenza. In seguito, parliamo o agiamo in accordo con tali riferimenti. Questo è reagire.

Immaginate ad esempio che qualcuno vi insulti: immediatamente emerge il passato. Senza aspettare il vostro permesso, anche senza che ne siate a conoscenza, vi dà dei riferimenti, dicendo: 'Sei stato insultato molte volte da più persone ed ogni volta ricambiavi l'offesa. Quindi fallo di nuovo, rispondi con altri insulti e usa parole ed espressioni più pungenti'.

Ecco come si manifesta la catena del passato: quando qualcuno vi offende, voi ricambiate l'offesa. Se qualcuno è in collera con voi, voi ribattete con la collera. Ecco come funziona. La reazione abituale in serbo nel passato esce ripetutamente ed ogni volta che reagite si rafforza. Sia voi che la vostra vittima avete un passato ed entrambi reagite l'uno con l'altro. Ma anche l'altro è stato spesso insultato, ognuno reagisce in base alla forza e all'intensità delle reazioni passate. Entrambi avete parecchi e voluminosi tomi a cui, inconsapevolmente, fate riferimento. Un *Mahatma* lascia il suo foglio in bianco, mentre una persona comune continua a scrivere, ogni volta che reagisce, sulle pagine che andranno ad aggiungersi ai tomi voluminosi.

Una Grande Anima, interiormente vuota come lo spazio, accoglie gli eventi, non disturba il silenzio con suoni inutili né sciupa il foglio bianco di carta con parole superflue. Questo atteggiamento nasce da un cuore che prova sinceramente amore. L'amore non può ferire, così come colui che accoglie una situazione non può ferire".

Per tutto il tempo il giovane che aveva finto di avere un dolore al collo sedeva in silenzio accanto ad Amma. Sembrava ascoltare le sue parole profonde. All'improvviso si prostrò ai piedi della Madre, piangendo come un bambino. Amma lo fece rialzare amorevolmente e gli mise il capo sul proprio grembo, mostrando ancora una volta la sua compassione traboccante e il suo amore materno. Il giovane riusciva a malapena a controllare le sue emozioni. Sollevando il capo, disse: "Amma, voglio essere più coraggioso. Non voglio più essere uno scettico. Sedendo per pochi istanti alla tua presenza, ho imparato molte cose. Penso di aver capito che ciò di cui sento la mancanza da tutta la vita sono il tuo amore e la tua compassione". Mentre pronunciava queste parole cominciò a tremare e di nuovo gli occhi gli si riempirono di lacrime. "Non voglio perderti, Amma", continuò, "Non voglio più sprecare la mia vita". Coprendosi ancora il volto, si rimise a piangere.

Mentre il darshan continuava, i *brahmachari* cantarono *Ini oru janman*.

Ini oru janman

O Krishna, non darmi un'altra nascita
affinché non cada nel profondo pantano dell'illusione.
Ma se mi fai rinascere, allora concedimi la grazia
di farmi nascere come servo perenne
dei Tuoi servi.

O Krishna, satura la mia mente con il Tuo Nome sacro,
mostrami con grande chiarezza i Tuoi piedi di loto,
fa' che la mia mente sia sempre equanime
e che percepisca ogni cosa come una Tua manifestazione.

O Krishna, tesoro di compassione, Ti rendo omaggio.
Con i palmi giunti, umilmente Ti offro i miei saluti.

Se dovessi nascere di nuovo,
fa' che questa nascita sia di beneficio al mondo
e doni agli altri la gioia che dura per sempre.
Se accogli questa mia richiesta, allora fammi pure nascere
quante volte vuoi come essere umano.

La risposta di Amma a questo giovane, l'amore e la compassione
che gli dimostrò invece di condannare la sua macchinazione,
illustrano con molta chiarezza come il rispondere possa effetti-
vamente influenzare positivamente gli altri. Nel caso del ragazzo,
cambiò positivamente il suo atteggiamento e tutti i presenti furono
testimoni di questo fatto.

La vita stessa di Amma è il perfetto esempio di come rispondere invece di reagire. I primi anni della sua vita furono costellati
di prove e di tribolazioni. Tranne poche persone, tutti, inclusa
la sua famiglia e i suoi parenti, erano contro di lei. Un migliaio
di giovani si riunirono e formarono un'organizzazione chiamata
"Comitato di lotta contro la fede cieca". Con il sostegno di alcuni

abitanti dei villaggi e di politici, cercarono di screditare Amma. Tentarono di farla arrestare accusandola di crimini che non aveva commesso e usarono mezzi squallidi e vili per dimostrare che era un'imbrogliona. Tuttavia Amma rimase imperturbata e non reagì mai a queste vessazioni e minacce, limitandosi a pregare e a invocare Dio, il suo amato Krishna e la Madre Divina, chiedendo perdono per i suoi persecutori.

Anche quando tutto il peso delle faccende domestiche era sulle sue spalle e doveva accudire la famiglia numerosa, dalla sua bocca non uscì mai il minimo lamento. Questa era la sua preghiera incessante: "O Signore, dammi del lavoro da compiere per Te". La Madre lavorava senza sosta e, sebbene oberata, chiedeva a Dio altro lavoro per poterGli offrire in ogni istante le sue azioni. A forza di portare sulla testa recipienti d'acqua per cucinare e pentoloni bollenti con l'acqua di cottura del riso, cominciò a perdere i capelli. A causa del peso e del calore, i capelli cadevano lasciando apparire la calvizie in un punto. Ciò nonostante non si lamentò mai né smise di lavorare.

I suoi genitori e il fratello maggiore le erano ostili. Il fratello maggiore la scherniva sempre, di solito senza motivo. Damayanti-amma, la madre di Amma, le aveva imposto una rigorosa disciplina ed era molto intransigente nei suoi confronti. In queste circostanze, Amma rispondeva mirabilmente alle situazioni difficili che si presentavano nella sua vita con la mente rivolta all'Essere Supremo.

A questo punto mi sembra opportuno evocare un altro episodio che mostra come Amma si comportò con un uomo che era solito insultarla. Costui era un noto mascalzone del villaggio natale di Amma e, da quando la sua natura divina si era rivelata al mondo, l'uomo aveva assunto un atteggiamento ostile nei suoi riguardi. Ogni volta che si presentava l'occasione, la insultava e inveiva contro di lei. Amma, però, non nutriva sentimenti negativi nei suoi riguardi, considerando tutto come inviatole benevolmente dalla Divina Provvidenza.

Un giorno, mentre stava andando a casa di un devoto, incontrò quel furfante sul molo. Il corpo dell'uomo era coperto da scabbia. Pus e sangue fuoriuscivano dalle sue piaghe contagiose e il suo corpo era sporco e puzzolente. Amma gli si avvicinò e con amore si informò sul suo male. Prendendogli entrambe le mani, compassionevolmente gli curò la scabbia. Dopo avere chiesto a Gayatri della cenere sacra, l'applicò sulle piaghe. L'interesse e la sollecitudine dimostrate erano così grandi che si sarebbe potuto pensare che l'uomo fosse un suo stretto devoto. Prima di andarsene, Amma gli tenne le mani con affetto e le baciò. A questo punto il famigerato uomo non riuscì a trattenersi e scoppiò a piangere e a singhiozzare come un bambino. Di nuovo, Amma espresse il suo amore per lui asciugandogli le lacrime e poi proseguì il suo cammino. Dopo quanto successo, costui divenne un ardente devoto di Amma. Ecco un'eccellente dimostrazione delle miracolose trasformazioni prodotte dal rispondere, anche nella gente della peggior specie.

La Madre dice: "Dovremmo sforzarci di vedere come stanno realmente le cose. La natura di un oggetto o di una persona non può essere diversa da quella che è. Se lo si comprende, si può soltanto rispondere, si può solo pregare per il bene degli altri, si può solo essere empatici e nutrire amore per loro. Le rane gracidano di notte e i grilli cantano facendo cri-cri. Questa è la loro natura, non possono fare altrimenti. Arrabbiarsi con loro, non cambierà le cose. Nessuno resta sveglio la notte dicendo: 'Non riesco a dormire a causa del rumore che fanno'. La gente va a letto senza preoccuparsene perché sa che le rane gracidano e i grilli cantano. Sanno che questa è la natura di quelle creature e che esse non cambieranno.

Allo stesso modo, ogni persona ha una sua propria natura e non è con la collera che potete cambiarla. Non potete mutare la natura degli altri attraverso la collera, solo l'amore può farlo. Capite questo e cercate di provare solidarietà e amore per tutti. Siate compassionevoli perfino verso coloro che vi irritano, sforzatevi di pregare per loro. Tale atteggiamento aiuterà la vostra mente a conservare la calma e la pace. Questo è vero rispondere".

Era mezzogiorno. Ancora molte persone stavano aspettando il darshan di Amma. La Madre continuava a ricevere i suoi figli mentre i *brahmachari* cantavano *Mano buddhya*.

Mano buddhya

Non sono la mente né l'intelletto,
non sono l'ego né la memoria,
non sono le orecchie né la lingua
né i sensi dell'odorato e della vista;
non sono l'etere né la terra,
né il fuoco né l'acqua né l'aria.
Sono pura Coscienza – Beatitudine,
sono Shiva, sono Shiva!

Non sono la forza vitale né i cinque soffi vitali,
non sono i sette elementi del corpo
né i suoi cinque involucri.
Non sono le mani né i piedi né la lingua
e neppure gli organi sessuali,
né quelli per l'evacuazione.
Sono pura Coscienza – Beatitudine,
sono Shiva, sono Shiva!

Non ho nessuna avversione né attrazione,
non sono preda dell'avidità né dell'illusione;
non ho il senso di autoaffermazione (ego) né l'orgoglio

non ho meriti né ricchezza,
non sono soggetto alla gioia né alla Liberazione.
Sono pura Coscienza – Beatitudine,
sono Shiva, sono Shiva!

Non agisco correttamente né scorrettamente,
non arreco piacere né dolore,
non sono il mantra né un luogo sacro
né i Veda e neppure il sacrificio,
non sono l'azione del mangiare, né colui che mangia,
e neppure il cibo stesso.
Sono pura Coscienza – Beatitudine,
sono Shiva, sono Shiva!

Capitolo 7

Subito dopo la meditazione del mattino, alcuni *brahmachari* si misero a parlare del *satsang* che Amma aveva tenuto su "risposta" e "reazione". Poiché la maggioranza di loro era ben istruita, ognuno faceva il proprio commento, dando differenti interpretazioni alle parole della Madre secondo la propria comprensione e le proprie capacità intellettuali. Un *brahmachari* disse: "Non penso che colui che vive nella società o ha delle grandi responsabilità possa sempre rispondere. Talvolta è necessario reagire. Ad esempio, come può un dirigente d'azienda o un funzionario del governo astenersi dal reagire? Se un dirigente d'azienda risponde soltanto e non reagisce mai, l'impresa dovrà a un certo punto chiudere. Se un funzionario governativo si comporta allo stesso modo, il governo finirà nel caos. Chi occupa una posizione di responsabilità deve imporre una certa disciplina sugli altri e per farlo dovrà talvolta reagire. Per farsi ubbidire, la reazione è necessaria, altrimenti non è possibile adempiere adeguatamente ai propri compiti. Ieri Amma ha portato come esempio Rama, Krishna e Cristo, ma anche loro hanno dovuto, in certe occasioni, reagire, non è vero?".

Un altro *brahmachari* espresse il suo parere: "Penso che le istruzioni che Amma ha dato ieri siano rivolte ai *sadhak* seri, a quelli che intendono sinceramente condurre una vita spirituale abbandonando tutti i desideri tranne quello di Dio. Per poter vivere nel mondo, l'ego è necessario. Quando l'ego è presente non è possibile rispondere, si può solo reagire. Amma stessa ha sottolineato questo punto".

Un terzo *brahmachari* avrebbe voluto dire la sua e aveva appena iniziato il discorso dicendo: "Io penso", quando fu interrotto da una voce che diceva: "Non pensare!".

Sorpresi, tutti sollevarono il capo. Amma era sul balcone. "Non pensate!", gridò, "Figli, avete appena finito di meditare e avete già ripreso a pensare, l'esatto contrario della meditazione. Praticate la meditazione per trascendere tutti i pensieri, per smettere di pensare, ed eccovi invece qui a scervellarvi su qualcosa che va invece praticato e non discusso".

Amma continuò: "Figli, voi tutti pensate, avete diverse opinioni e punti di vista, ma il 'rispondere' avviene solo quando smettete di pensare, quando tutte le vostre opinioni e i vostri punti di vista scompaiono. Qui ognuno di voi sta 'pensando' profondamente. Ogni briciolo di energia generato con la meditazione viene dissipato in queste vane riflessioni. È come sprecare del denaro guadagnato con fatica comprando noccioline. Che peccato! Andate a fare qualcosa di utile!".

I *brahmachari* si dileguarono rapidamente. Amma ritornò in camera sua.

L'abilità di rispondere mentre si vive nel mondo

Due ore più tardi Amma era seduta sull'ultimo gradino della scala che porta alla sua stanza. Gayatri e Kunjumol sedevano dietro a lei. Dopo il rimprovero ricevuto il mattino, i *brahmachari* che avevano preso parte alla discussione si sentivano un po' in colpa ed erano irrequieti. Non osando avvicinarsi ad Amma, rimanevano un po' distanti. Vedendo la loro esitazione, la Madre li chiamò. Dopo essersi prostrati, si sedettero a terra di fronte a lei. Amma rimase in silenzio per qualche istante, ma il suo volto aveva un'espressione straordinariamente profonda. I *brahmachari* sembravano un po' perplessi, non sapendo cosa avrebbe fatto o detto. Poco dopo, Amma parlò: "Qual era l'argomento della discussione di stamani?".

La sua voce era pacata e il suo viso esprimeva amore e pace. I *brahmachari* si rilassarono un po', ma per timore non risposero alla domanda. Incoraggiandoli la Madre disse: "Non abbiate paura, Amma non è in collera con voi. Come potrebbe esserlo? Perché pensate che lo sia? Parlate. Di cosa stavate discutendo?" .

Le dolci parole di Amma li aiutarono a raccogliere le forze per parlare e uno di loro le spiegò quello di cui avevano discusso. Un grande sorriso rischiarò il volto di Amma mentre guardava amorevolmente i suoi figli. "È vero", disse lei, "che non è possibile eliminare del tutto il proprio ego quando si vive nella società. Talvolta occorre reagire, usare un linguaggio sferzante o mostrarsi duri. E con questo? Come potremmo considerarlo un ostacolo? Cosa intendete dire affermando che un dirigente d'azienda o un funzionario governativo non può rispondere? È possibile, se ci prova. Rispondere vuol dire coltivare un'attitudine mentale benevola verso gli altri, che siano amici o nemici.

Rispondere significa farsi da parte e non essere toccati o influenzati. Di solito, però, quando siete in disaccordo o state litigando con qualcuno o state cercando d'imporre la vostra autorità, reagite perché vi fate coinvolgere o vi identificate con quanto accade. Quando montate in collera, vi identificate con questa emozione senza poter prenderne le distanze. Incapaci di vederla sorgere in voi, diventate la collera. A volte le Grandi Anime agiscono esteriormente come un comune essere umano, ma interiormente sono sempre distaccate dalle azioni che compiono. Il distacco è il cuore stesso della loro vita. Non possono reagire perché sono distaccate. La reazione si produce perché le persone sono attaccate a ciò che compiono. L'attaccamento al lavoro e ai suoi frutti crea l'ego, che impedisce di rispondere. Il distacco dal lavoro e dai suoi frutti distrugge l'ego e, a questo punto, è possibile rispondere. L'attaccamento riempie la mente di pensieri e di desideri, generando così solo reazioni. Il distacco svuota invece la mente da tutti i pensieri e desideri e permette di assumere un atteggiamento benevolo.

Figli, cercate di compiere il vostro lavoro con distacco: in questo modo imparerete a rispondere. Potete rimproverare qualcuno restando al tempo stesso distaccati. Potete disciplinare qualcuno senza rimanere coinvolti. Ecco perché Amma afferma che rispondere è un'attitudine interamente mentale, puramente soggettiva. Chi stava guardando il comportamento di Rama e di Krishna, avrebbe potuto pensare che si stessero vendicando dei loro avversari. Certo, Rama uccise Ravana perché aveva rapito sua moglie Sita. Uccise pure molti altri demoni. Si potrebbe pensare che anche Krishna reagì quando uccise Kamsa o quando prese le parti dei Pandava per aiutarli a distruggere i Kaurava, ma questi giudizi sono errati. Rama era pronto ad accettare Ravana in quanto persona, ma non il suo ego. L'ego di Ravana era un pericolo per la società. Krishna era disposto ad accettare i Kaurava, ma non il loro ego. Anche l'ego di Duryodhana e di coloro che erano schierati con lui rappresentavano un pericolo per la società e quindi Krishna doveva distruggerli. In quanto re, era compito di Rama distruggere gli ego che avrebbero potuto nuocere al mondo intero. Non fu solo perché aveva rapito Sita che Rama fu costretto a uccidere Ravana, ma anche perché quest'ultimo costituiva una minaccia per la società. Sgominandolo, Rama impedì al mondo di cadere in mani demoniache. Rama stava solo proteggendo e preservando il *dharma*.

L'ego apparente di Rama e di Krishna non era che una maschera che potevano togliere in qualsiasi momento e con la quale essi non si identificarono mai. Entrambi erano sempre consapevoli di non essere la maschera, consci che la maschera non era la loro vera natura. Bisogna stare molto attenti a non prendere questa maschera per la loro vera natura. Andare al di là delle apparenze e riconoscere la vera natura richiede una percezione molto acuta. Persino Arjuna, il discepolo e l'amico più stretto di Krishna, prese per vera la maschera di Krishna. Soltanto una volta, quando il Signore stesso lo benedì accordandogli una vista divina, Arjuna poté vedere chi fosse davvero Krishna. Perfino Lakshmana, il fratello più caro di Rama, non riconobbe la sua natura. Per poter scorgere il Divino occorre una percezione eccezionalmente acuta. Per vedere gli Esseri Divini è necessario avere uno sguardo sottile. In realtà, vederli non significa vedere in senso fisico, ma farne esperienza. Per fare esperienza di ciò che sono bisogna immedesimarsi in loro, nel loro vero Essere. Se avete questa percezione acuta o se siete riusciti a immedesimarvi nel loro vero Essere, allora sapete che non reagiscono mai.

Ricordate, lo stesso Rama che uccise Ravana e che in pochi secondi annientò migliaia di demoni ben armati, mantenne la calma e la serenità di una montagna quando Kaikeyi lo privò del regno che gli spettava e lo mandò in esilio. Rama non era impaziente e neppure codardo. Era tanto spietato quanto il fuoco della dissoluzione. Ricordate la forma feroce che assunse quando l'oceano si rifiutò di acconsentire alle sue richieste. Rama era pronto a prosciugare l'intero oceano, tale era la Sua forza. Se avesse voluto avrebbe potuto facilmente riprendersi il regno, ma non fece nulla. Invece di reagire, rispose. Accettò. Guardate la bellezza di questo modo d'agire.

Alcuni pensano che rispondere non sia un comportamento che nasce dall'amore e dalla compassione, ma dalla codardia e dalla timidezza. Se fosse così, non avrebbe alcuna bellezza essendo nato dalla debolezza e sarebbe l'atteggiamento proprio di chi è passivo e dominato dalla paura. Ma quando Dio – il Re dell'intero universo, l'Essere onnipotente – risponde, la sua risposta esprime un'immensa bellezza essendo un'esperienza edificante".

Un bambino di cinque anni, figlio di uno dei devoti, si trovava tra le persone radunate intorno ad Amma. Un *brahmachari* disse ad Amma che il giorno prima questo bambino aveva cantato magnificamente dei *bhajan*. La Madre lo guardò e gli chiese sorridendo: "È vero, figlio?". Il piccolo annuì. Con tono supplichevole, Amma gli chiese di cantare un *kirtan*. Senza la minima timidezza, il bimbo cantò *Vedambike*.

Vedambike

O Madre dei Veda,
Madre di ogni suono, mi inchino a Te.
Mi inchino ai Tuoi piedi, adorati dagli dèi.

Tu che riversi amore
ed effondi lo splendore del loto,
fammi traversare questo oceano di dolore,
o Amante della musica.

Dea della saggezza,
o Parvati, fautrice di bene nel mondo,
Tu distruggi l'orgoglio e poni fine alle rinascite.
Vittoria a Te!

La Madre è la vita di tutte le creature,
la Madre è la causa di tutte le cose.
Inchinandomi a Te a mani giunte,
concedimi, Ti supplico, la Liberazione.
M'inchino a Te, di grande potere e sommo splendore.

Per qualche tempo Amma fissò intensamente il bambino mentre cantava, poi si raccolse interiormente fino alla fine del canto.

Quando il piccolo terminò, Amma gli chiese di andare da lei. Lo strinse forte tra le braccia e lo baciò sulle guance, dicendogli: "Come hai cantato bene, figlio caro di Amma!". Poi lo fece sedere accanto a sé e chiese a Kunjumol di portare qualche caramella. Quando Kunjumol portò una busta di caramelle, Amma ne prese alcune e le diede al bambino.

Non avendo ancora ricevuto una risposta su come un dirigente o un amministratore possa rispondere mentre svolge i suoi compiti, l'*ashramita* che aveva posto la domanda sollevò di nuovo l'argomento.

Amma rispose: "Figli, anche se vivete nel mondo e siete un dirigente o un funzionario, potete comunque imparare a rispondere. Dovete solo sviluppare e coltivare il distacco. Il direttore d'azienda o il responsabile dell'amministrazione deve svolgere il suo dovere con sincerità e, se c'è bisogno, deve dare prova di fermezza. Se i lavoratori sono indolenti o cercano d'imbrogliare l'azienda, il dirigente deve avere il coraggio e la capacità di affrontare la situazione e prendere le misure necessarie.

Potete prendervela con l'indolenza di un lavoratore, ma non con il lavoratore stesso. L'umanità e la coscienza del lavoratore esigono rispetto perché non sono diverse dalla vostra umanità e dalla vostra coscienza. In tal senso, voi e lui siete uguali. Non prendetevela dunque con la persona. Arrabbiarvi annebbierebbe la vostra visione.

Amma non capisce perché dovreste reagire e permettere alla mente di sprofondare nel pantano dei pensieri infernali. La reazione genera odio e l'odio trasforma la mente in un inferno. Allo stesso modo, la collera, la gelosia e il desiderio sfrenato di gloria e di essere famosi rendono la vita un inferno e vi fanno perdere la vostra pace interiore. Perdete l'amore e la bellezza dentro di voi e la mente diviene simile a un manicomio. Che siate un dirigente d'azienda o il sovrano di una nazione, reagire creerà in voi soltanto caos e confusione. Già il solo pensiero di voler reagire offusca la vostra capacità di vedere le cose, di discernere ed adempiere correttamente ai vostri doveri, e potreste facilmente commettere un errore che rovinerebbe la buona reputazione dell'azienda.

Prendere una decisione intelligente richiede una mente equilibrata. Ciò che voi chiamate presenza di spirito è uno stato in cui la mente non viene turbata, ma rimane serena anche di fronte a grossi problemi. Una persona che reagisce senza pensare non può essere un buon sovrano né un bravo professionista in qualunque ambito lavori. Fallirà qualunque sia la posizione di responsabilità che occupa. Le sue reazioni incontrollate allontaneranno da lui la buona fortuna, le opportunità favorevoli e tutti i doni che la vita può offrire.

Se osserviamo il comportamento della maggior parte della gente comune, vediamo che le persone nella vita quotidiana rispondono, consciamente o inconsciamente. Si tratta di una reazione controllata, non di uno stato completamente privo di reazione: non volendo rischiare di non raggiungere l'obiettivo prefissato, reagiscono senza farsi travolgere dalla rabbia. Forse nutrono sentimenti negativi, ma non li esternano perché potrebbe essere controproducente. Un funzionario governativo può comportarsi così per il bene del suo Paese e un dirigente per quello della sua azienda.

Immaginate di essere il capo del personale di una grande società e che i dipendenti abbiano delle rivendicazioni. Il loro rappresentante minaccia d'indire uno sciopero. Dentro di voi sapete che tali richieste sono irragionevoli e che costui ha un modo d'agire scorretto e perfino offensivo. In una situazione di questo tipo l'emozione che prevale nella vostra mente è la collera, ma non la esprimete perché potrebbe intensificare la protesta. Così vi sforzate di controllare l'ira e il risentimento e vi trattenete dal ripagare i lavoratori con la stessa moneta perché avrebbe un effetto disastroso. Ricordando una situazione simile vissuta in passato, vi accorgete che ancora una volta compare lo stesso copione.

All'epoca non eravate riusciti a controllare la rabbia contro i manifestanti e il vostro temperamento focoso vi aveva indotto a prendere misure estreme. L'opposizione aveva reagito allo stesso modo contro di voi, anzi con maggiore violenza. Risultato? L'intera azienda aveva sofferto di quello che era successo. Avevate perso la vostra pace interiore e anche la vostra vita famigliare ne aveva risentito. In voi affiora il ricordo di ciò che era successo e della catena degli eventi che aveva portato al disastro.

Questo ricordo vi spinge a ricomporvi, non volete che accada lo stesso. Non volete creare problemi inutili e perdere la serenità. In passato la vostra reazione incontrollata aveva causato la chiusura dell'azienda per parecchi mesi, molte famiglie ne avevano sofferto e voi avevate vissuto nell'angoscia e nel terrore di un'eventuale rappresaglia. Rammentando le conseguenze nefaste dovute alla vostra impulsività, adesso usate il discernimento, dominate la vostra collera e il vostro temperamento focoso, vi calmate e mostrate un ampio sorriso. Quando incontrate il capo dei manifestanti lo trattate cordialmente, lo invitate nel vostro ufficio e gli offrite un caffè. Esprimete interesse per il benessere dei lavoratori, con molto tatto spiegate la situazione dell'azienda e lo assicurate che farete tutto il possibile per giungere ad un giusto accordo tra le parti. Potremmo chiamare questo modo di affrontare i problemi della vita, sia professionale che privata, rispondere alle situazioni. Anche in questo esempio state reagendo, ma senza ferire l'altro. E questo succede perché non esprimete la vostra collera interiore. Il vostro interlocutore avrà l'impressione che i suoi problemi vi stiano a cuore e sarà ben disposto verso di voi.

Se però esaminate con più attenzione la faccenda, vi accorgerete che, in fondo, la reazione non è stata eliminata alla radice perché nutrite ancora rabbia. L'avete repressa per impedirle di manifestarsi, ma non avete fatto nulla per sradicarla. Nella vita di ognuno si possono presentare molte circostanze simili a questa e, se ogni volta vi comportate allo stesso modo, aggiungete un altro anello alla catena. Esternamente date l'impressione di rispondere senza reagire, ma non è quello che avviene dentro di voi. State solo sopprimendo le vostre reazioni e la vostra risposta [equilibrata] è solo una parvenza, una semplice facciata.

Figli, non importa chi o cosa siete. È possibile apprendere l'arte del rispondere a una situazione se lo desiderate sinceramente. Un dirigente o un responsabile può riuscirci quando si trova in situazioni in cui bisogna agire con diplomazia, senza manifestare le proprie emozioni negative. Quindi ha la capacità di rispondere in ogni circostanza, sempre che abbia la determinazione e l'interesse sincero di farlo; ha il potenziale per riuscirci, deve soltanto lavorarci sopra, adottare una pratica che gli consenta di metabolizzare e smaltire i residui di collera e il desiderio di rivincita rimasti dopo che la situazione è stata risolta. Una volta che avete imparato ad eliminare questi residui di rabbia, odio e desiderio di vendetta, diverrete una fonte, una sorgente di straordinaria energia, grazie alla quale poter svolgere compiti ritenuti impossibili. Il dirigente o il funzionario ha il potere, la capacità mentale di farlo. Volerlo fare è un'altra questione. È però necessaria una certa dose di distacco e d'amore per poter rispondere a una situazione".

"Che differenza c'è tra l'apparente risposta di un dirigente e quella di un *sadhak* che ha imparato a rispondere genuinamente?", chiesero alla Madre.

"Figli, anche un ricercatore spirituale che si impegna a fondo per raggiungere lo stato di perfezione ha dentro di sé la collera e l'odio. Ci saranno situazioni nelle quali anche lui perderà il controllo della mente. Come il dirigente dell'esempio precedente che aveva fatto tesoro degli errori del passato, così anche il *sadhak* si serve del ricordo di esperienze passate per praticare il discernimento e l'autocontrollo. Ma diversamente dal dirigente, il *sadhak* lavora costantemente sulla sua collera e sul suo odio, sforzandosi con zelo di liberarsi da tali tendenze. Attraverso la pratica costante e mantenendo la mente fissa sulla meta della realizzazione del Sé, il ricercatore spirituale sublima le proprie emozioni negative e col tempo è in grado di sradicare la collera e altre negatività.

Mentre il ricercatore spirituale è convinto che rimuovere l'ira sia di fondamentale importanza per la sua evoluzione e si sforza per tutta la vita di riuscirci, il funzionario o il dirigente ritiene che gestire l'ira sia un'abilità necessaria nella sua vita professionale e si impegna a tenerla sotto controllo in un dato contesto. Nulla di più. Costui potrebbe sapersi trattenere davanti a una provocazione dominando la collera, che però rimane annidata in lui, aspettando l'opportunità di poter affiorare.

Come il dirigente, anche il *sadhak* può non manifestare la collera quando viene provocato, oppure può esprimerla, in alcune circostanze, se non riesce a contenerla. In seguito però mediterà, pregherà e reciterà il suo mantra per rimuovere questa emozione e la sua causa. Per il *sadhak*, eliminare la rabbia e altri tratti negativi è l'obiettivo della sua vita. Avendo dedicato tutta la sua esistenza a tale scopo, si impegna assiduamente per rimuovere l'ego in tutti i suoi aspetti. Questo sforzo costante e la grazia del Guru lo porteranno infine allo stato di perfezione dove non c'è ego, non ci sono pensieri e neppure la mente. Una volta raggiunto tale stato, sarà capace di rispondere in modo autentico".

Mentre la Madre parlava, le venne posta un'altra domanda: "Amma, dalla tua spiegazione mi sembra di avere capito che rispondere sia uno stato in cui non esiste né azione né reazione. È così?".

Amma rispose: "Sì, nel senso ultimo non c'è né azione né reazione. Esiste solo l'atteggiamento della coscienza testimone. Potrebbe sembrare che stiate agendo o reagendo, ma in realtà non vi è nessuna azione né reazione. Semplicemente osservate in silenzio il vostro corpo mentre agisce o reagisce.

Il vero rispondere accade soltanto quando si è completamente liberi dalla morsa dell'ego, quando si è diventati nulla o nessuno. Prima di allora l'ego resta celato dietro le vostre azioni, reazioni e quelle che sembrano risposte.

Quello è lo stato più alto. Impossibile trascenderlo. È il 'punto senza punto'. Per ottenerlo sono necessarie severe pratiche spirituali".

Amma espresse il desiderio di ascoltare un canto appena composto. I *brahmachari* lo cantarono. Si trattava di *Katinnu katayai*.

Katinnu katayai

O Madre che splendi come l'Orecchio dell'orecchio,
la Mente della mente e l'Occhio dell'occhio,
Vita della vita,
il Tuo Essere è la vita dei viventi.

Come l'oceano per le onde,
così Tu sei l'Anima delle anime,
il Nettare del nettare della conoscenza.
O Madre, perla del Sé immortale
ed essenza della Beatitudine,
Tu sei la grande Maya, l'Assoluto stesso.

Né gli occhi possono scorgerTi
né la mente può comprenderTi.
Le parole sono messe a tacere in Tua presenza, o Madre.
Chi dice di averTi visto in realtà non Ti ha visto
perché sei al di là dell'intelletto.

Il sole, la luna e le stelle brillano non di luce propria,
ma sono solo il riflesso della Tua Luce.
Soltanto il Coraggioso può,
grazie al discernimento,
seguire il cammino della Pace eterna,
della Verità Suprema.

Era una giornata di sole. La scala su cui sedeva Amma si trovava di fronte al canale interno che segnava il confine meridionale dell'ashram. Alcuni bambini del vicino villaggio di pescatori stavano cercando di catturare dei pesci in quelle acque. Due di loro stavano in piedi sulla riva con un vaso d'argilla, mentre un altro, che sembrava avere qualche anno in più, si muoveva silenziosamente nell'acqua cercando di afferrare il pesce a mani nude. A volte si tuffava in profondità nell'acqua torbida della laguna e affiorava poco dopo con uno o due pesci in mano. La Madre li guardò intensamente e poi disse: "Guardate questi ragazzini: sono loro che mandano avanti tutta la famiglia. Ogni giorno pescano in questo modo, a mani nude. Vendono i pesci direttamente alle persone o li portano al mercato e con quel denaro faticosamente guadagnato comprano il cibo di cui la famiglia ha bisogno. Già in tenera età, questi piccoli portano il fardello di mantenere la loro famiglia".

La sua voce esprimeva una profonda preoccupazione. Amma chiamò i due ragazzini che tenevano il vaso. Essi si avvicinarono e rimasero in piedi davanti a lei. "Avete fatto una buona pesca oggi?", chiese. "No", risposero i ragazzi. Il più grande dei due disse: "A causa della pioggia, l'acqua è molto profonda ed è difficile per nostro fratello maggiore catturare abbastanza pesci".

Amma guardò nel vaso in cui c'erano soltanto pochi pesciolini, poi guardò l'acqua e l'altro ragazzo. Il fratello maggiore si tuffò di nuovo, cercando a tentoni del pesce. Non ebbe successo. Amma si girò e sussurrò qualcosa a Kunjumol, che si alzò e si allontanò.

Dopo pochi minuti la donna tornò con una borsa di plastica contenente alcune mele, un grappolo di banane, alcuni dolcetti e altri alimenti. Amma vi aggiunse un pacchetto di riso e delle verdure, sufficienti perché una famiglia potesse preparare uno o due pasti. I bambini erano al colmo della gioia. Sorridendo raggianti, chiamarono il fratello maggiore: "*Anna, Anna,* (fratello maggiore), Ammachi ci ha dato cibo a sufficienza. Dài, smettiamo di pescare e andiamo a casa!". "Davvero?" chiese il giovane, uscendo dall'acqua. Dopo aver chiesto il permesso ad Amma, tutti e tre andarono felici a casa.

Amore e compassione

Mercoledì 25 luglio 1984

Era quasi mezzogiorno. Amma era seduta nella capanna di Nealu a stava pelando delle radici di tapioca. Questa capanna era stata la prima ad essere costruita nell'ashram e Amma vi aveva vissuto per circa due anni insieme a Gayatri. All'epoca, una parte della capanna veniva usata anche come magazzino e cucina. Qui si cucinavano i pasti per lei e per il primo gruppo di *brahmachari*.

Amma era ritornata dalla casa di un devoto nella tarda mattinata e teneva in mano alcune radici di tapioca. Mostrandole a tutti, con l'innocenza di una bimba disse: "Le ha colte Amma stessa dal loro terreno. Ora le cucinerà e, una volta pronte, le servirà a tutti i suoi figli".

La Madre insistette per pelare e cucinare le radici personalmente. Mentre le stava preparando, uno dei *brahmachari* chiese: "Amma, l'amore e la compassione sono la stessa cosa o sono differenti?".

"Quando l'amore diventa Amore divino, il cuore si riempie di compassione. L'amore è un sentimento interiore che si manifesta all'esterno come compassione. La compassione esprime il vostro sincero interesse per qualcuno, per un essere umano che soffre, ad esempio. L'amore e la compassione sono perciò le due facce della stessa medaglia: coesistono.

C'è l'amore e l'Amore. Voi amate la vostra famiglia: padre, madre, sorella, fratello, marito, moglie, ecc., ma non il vostro vicino. Amate vostro figlio o vostra figlia, ma non tutti i bambini. Amate vostro padre e vostra madre, ma non amate tutti nel modo in cui amate i vostri genitori. Amate la vostra religione, ma non tutte le religioni. Similmente, avete amore per il vostro Paese, ma non per tutti gli altri. Perciò questo non è vero Amore, ma solo un amore limitato. Trasformare questo amore limitato in Amore divino è lo scopo della spiritualità. Nella pienezza dell'Amore sboccia il magnifico e profumato fiore della compassione.

L'amore con la a minuscola è limitato, circoscritto al suo piccolo mondo, non può contenere che qualche persona e poche cose, è ristretto e mutevole. Non ha picchi, e i picchi apparenti non sono le vette più alte: si ergono solo appena un po' sopra il livello del suolo. Presto queste piccole alture si appiattiranno divenendo pianure. L'amore conosce gli alti e i bassi. Con il tempo, gli 'alti' scompaiono e non restano che i 'bassi'. Questo amore mutevole può diventare permanente soltanto quando il senso dell'io e del mio scompaiono.

Finché è presente la sensazione dell'io vi è anche quella del tu. In tal modo l'amore ha sempre un aspetto personale. Avviene tra due persone. Per amare bisogna essere in due. L'amore diventa impersonale soltanto quando la dualità scompare. In quello stato di unione l'Amore scorre incessante. Da questo momento l'Amore comincia a fluire, sgorgando dalla sua stessa sorgente. Mentre scorre non pensa a dove sfocerà. Il flusso d'Amore non conosce ostacoli, proprio come la corrente del fiume. Il fiume non può fare a meno di scorrere, non pensa a dove si fonderà, nell'oceano. E il suo fondersi avviene nel corso del suo fluire ed è del tutto spontaneo, privo di calcoli. Allo stesso modo il sole, quando splende, splende e basta. Non pensa al dover toccare con i suoi raggi la Terra. Quello è un fenomeno che accade naturalmente, ecco tutto.

Così, quando scompaiono gli ostacoli rappresentati dall'ego, dalla paura e dal senso di alterità, non potete far altro che amare senza nessuna aspettativa. Non vi preoccupate di ricevere qualcosa in cambio, lasciate semplicemente che il vostro amore scorra. Chiunque entri in questo fiume d'Amore è bagnato dalle sue acque: sano e malato, ricco e povero, uomo e donna. Chiunque può bagnarsi in questo fiume d'Amore quante volte vuole. Se ci si bagna oppure no, non ha per lui alcuna importanza. Questo fiume d'Amore non si cura se qualcuno lo critica o lo profana, semplicemente continua a scorrere. Quando questo flusso costante d'Amore trabocca e si manifesta in ogni nostra parola e in ogni nostra azione, viene chiamato compassione.

La compassione è la Pura Coscienza espressa attraverso le vostre parole e le vostre azioni. La compassione è l'arte del non ferire perché la compassione non può ferire. La compassione non può recare dolore a nessuno, essendo la manifestazione della coscienza, e la coscienza non può ferire nessuno. Come la vastità infinita del cielo non può ferire nessuno, così la manifestazione della coscienza – la compassione – non può ferire nessuno. Chi ha compassione può solo essere compassionevole.

La compassione non vede le colpe degli altri né le loro debolezze, non fa alcuna distinzione tra buoni e cattivi. La compassione non può erigere una frontiera tra due Paesi, due fedi o due religioni. Non avendo ego, non ha posto per la paura, la lussuria e l'avidità. Semplicemente perdona e dimentica. La compassione è come uno spazio di passaggio: tutto la attraversa, nulla può ristagnarvi. La compassione è l'amore espresso in tutta la sua pienezza".

Qualcuno intervenne chiedendo: "Questo è ciò che caratterizza un vero Maestro spirituale, non è vero?".

"Sì", rispose Amma, "un vero Maestro spirituale è l'Amore e la compassione in tutta la loro pienezza. A volte il suo amore si manifesta come disciplina. Quando la disciplina viene imposta, di solito genera una certa sofferenza, ma la compassione del Guru la elimina. Quando correggete qualcuno o lo rimproverate, ferite il suo ego, fate a pezzi la sua personalità, ed è proprio questo ciò che le persone temono di più. La gente non ama essere messa in discussione e neppure corretta, anche se ha torto. Essere sottoposti a una disciplina crea dunque sofferenza. Che sia il padre a disciplinare il figlio, la madre a disciplinare la figlia, o l'insegnante a disciplinare lo studente, il dolore è inevitabile. Il disciplinato si sente ferito e molto spesso reagisce. Può capitare che, sebbene si senta ferito, non reagisca esternamente. Potrebbe ubbidire provando al tempo stesso tantissima collera e molto dolore. Forse desidererebbe protestare, ma per paura non fa niente. Questa situazione potrebbe persistere e la sofferenza, i sentimenti feriti, la collera e l'odio si accumulano così nella mente. A un certo punto queste emozioni negative immagazzinate esplodono. È un peccato che tutto questo accada nel corso del normale tentativo di correggere qualcuno, anche se il sentimento che sta alla base di un tale comportamento è l'amore. Sebbene la correzione nasca dall'amore di un padre o di una madre, talvolta la ferita prodotta non può essere risanata.

Per contro, nella relazione tra Guru e discepolo (*sishya*), nella mente di colui che viene disciplinato non ci sono sentimenti feriti: non c'è dolore, né ferite profonde, né rabbia né odio. Questo perché lo *sishya* accetta la disciplina e i rimproveri del Guru con un atteggiamento positivo. Si abbandona completamente al Guru, sapendo che costui agisce per il suo massimo bene. Il fattore più importante è però la compassione del Maestro, che ha un enorme potere di guarigione. Questa compassione lenisce completamente il dolore, placa la collera, l'odio e tutti gli altri sentimenti negativi. A volte il discepolo si sente ferito e prova collera verso il Guru quando viene rimproverato o punito, ma la compassione traboccante del Guru cura queste sue ferite e lo aiuta ad assumere un atteggiamento positivo. La compassione del Maestro tollera il risentimento e l'odio del discepolo, perdona tutto. Tale compassione suprema avvolge completamente il discepolo e allevia ogni suo sentimento negativo.

Il balsamo della compassione del Guru aiuta lo *sishya* a sentirsi rilassato e a proprio agio. In tal modo costui è in grado di accogliere e interiorizzare positivamente la disciplina del Guru. Questa compassione fa sentire al discepolo che egli è parte del Maestro, che gli appartiene, che è amato immensamente dal Maestro, il quale ha come fine solo il bene ultimo dell'allievo. Sentendo il flusso di compassione proveniente dal Guru e osservandone la vita di rinuncia e di altruismo, il discepolo sa che il Guru è assolutamente privo di egoismo. In tal modo lo *sishya* non accumula nessun sentimento negativo, sebbene a volte possa provare dolore o collera. Il Maestro può perciò disciplinarlo senza dar luogo ad alcun sentimento negativo duraturo. Un padre o una madre non può rimuovere i segni reattivi dalla mente del figlio o della figlia perché non ha compassione. Poiché questo Amore parentale non è sbocciato in tutta la sua pienezza, un padre o una madre parla e agisce con egoismo e così impone ai figli la disciplina e le proprie idee, non curandosi spesso dei loro sentimenti. Per contro, il Guru non può imporre la disciplina ai suoi discepoli poiché non è una persona. Il Guru non è il corpo, non è l'ego. È Pura Coscienza.

Dopo aver rimproverato o punito i figli per gli errori commessi, il padre o la madre li possono richiamare e ricoprirli d'amore. I figli custodiscono però nella mente il ricordo di essere stati rimproverati o costretti a ubbidire. I genitori agiscono proprio così: obbligano i figli a fare le cose in un certo modo invece di essere d'esempio. Non possono fare altrimenti essendo individui limitati. Il loro comportamento è dettato dall'ego e dunque possono solo cercare d'imporre la propria volontà sugli altri, anche se lo fanno per amore. In nome di questo amore, impongono il proprio ego sui figli. Costoro lo avvertono e, anche se in seguito vengono trattati con affetto e con amore, continuano a sentirsi feriti. La collera e l'odio rimangono, non vengono eliminati.

Il rapporto Guru-*sishya* è però differente. Dopo aver rimproverato il discepolo per puro amore, il Guru lo fa sentire bene e a suo agio riversando profusamente su di lui la sua compassione. Questo comportamento aiuta lo *sishya* ad essere ricettivo, a diventare un buon ricettacolo, così da poter rimanere aperto e nutrire sentimenti positivi.

Nella relazione Maestro-discepolo non ci sono imposizioni. La sete interiore del discepolo di andare oltre le limitazioni dell'ego e la guida compassionevole e l'amore disinteressato del Guru aiutano lo *sishya* a non accumulare collera dentro di sé.

Quando qualcuno vive nell'Amore, quando tutto il proprio essere diventa Amore, si manifesta la compassione. L'amore riempie il cuore e trabocca sotto forma di compassione. Nello stato in cui la mente e i pensieri sono completamente consumati dal fuoco dell'Amore supremo, quando la mente del ricercatore diviene come lo spazio, ciò che fa scendere costui da quello stato è la compassione. È la compassione il fattore che rende l'anima sensibile all'appello di quelli che brancolano nelle tenebre. Ciò che tiene il corpo del *Mahatma* in questo mondo di pluralità è la compassione. L'Amore e la compassione sono sostanzialmente la stessa cosa, sono le due facce della stessa medaglia".

La Madre si fermò per un attimo. Un *brahmachari* iniziò spontaneamente a cantare *Kannadachalum turannalum*, un canto di lode ad Amma. Mentre cantava, il *brahmachari* piangeva di gioia e di devozione.

Kannadachalum turannalum

Che siano aperti o chiusi,
i miei occhi sono sempre la dimora della Madre.

Con sguardi pieni di compassione
Lei abbraccia ciascuno di noi.
Con una pioggia d'amore fa sciogliere il cuore.
Mia Madre è invero un oceano di gioia.

Per la Madre, anche un ladro o un tiranno
è il Suo figlio diletto.
Che La si denigri o La si adori,
dalla Madre scorre incessante un flusso d'Amore.

La dolcezza che la lingua assapora non è perfetta.
La dolcezza perfetta è l'amore di Dio
e il senso che ci permette di gustarla
lo si ottiene grazie alla Madre.

Alla fine del canto, il *brahmachari* esclamò con voce soffocata: "O Amma, possano la tua compassione e la tua Grazia guidarci sempre sul sentiero della spiritualità. Senza la tua Grazia non potremo raggiungere l'altra riva".

Pur compiaciuta della sua innocenza, Amma scherzosamente replicò: "Tua Madre non ha compassione. È un demone. Stai attento, è un osso duro". Questa minaccia scherzosa fece ridere tutti.

Il *satsang* continuò: "La grandezza dei nostri santi e saggi dei tempi antichi è indescrivibile. Senza la loro compassione, il mondo d'oggi sarebbe un inferno. Sono la loro rinuncia e la loro compassione che sostengono il mondo d'oggi. Le cattive azioni della gente egoista e malvagia sono compensate da quelle compassionevoli e amorevoli compiute dagli esseri spirituali, i soli e veri benefattori del mondo. La loro compassione supera la nostra comprensione poiché essa fluisce anche verso chi cerca di distruggerli.

Amma vi racconterà una storia. Un giorno un re portò il principe, suo unico figlio, all'eremo di un grande santo affinché acquisisse la conoscenza dei *Veda* e delle Scritture, in accordo con il sistema educativo del tempo. Che fosse principe o appartenesse a un ceto più umile, un giovane trascorreva parecchi anni sotto la guida di un maestro, ricevendo istruzione e disciplina. Durante questo periodo viveva con l'insegnante senza alcun contatto con i propri genitori o familiari.

Quando il re e suo figlio arrivarono all'eremo, regnava la pace; sembrava che non ci fosse nessuno. Guardandosi intorno, trovarono infine il santo seduto sotto un albero, in profondo *samadhi*, completamente assorto e inconsapevole di ciò che lo circondava. Quando finalmente uscì dalla meditazione, immediatamente si inchinò al re e lo invitò a sedersi.

Il sovrano, tuttavia, aveva l'impressione di non essere stato accolto adeguatamente perché aveva dovuto prima cercare il santo e poi aspettare che uscisse dalla sua meditazione. Si sentiva ferito nell'orgoglio, essendo abituato ad essere atteso e non ad attendere. Non poteva tollerare di aver dovuto aspettare e averlo fatto era per lui umiliante. Dopotutto era il re e tutti dovevano essere sempre pronti a servirlo. Il suo ego era stato offeso e lui ribolliva di collera. Cercando di contenere l'ira che cresceva dentro, lanciò sguardi furiosi al santo.

'Vostra Altezza', disse il *Mahatma* in tono estremamente gentile, 'posso conoscere lo scopo della vostra visita?'.

A questo punto, la collera del re esplose: 'Cosa? Stai cercando di prendermi in giro? Dopo avermi ricevuto senza i dovuti rispetti osi perfino chiedermi lo scopo della mia visita? Dove sono tutti i residenti di questo ashram? Dove sono i tuoi discepoli?', domandò con sarcasmo, 'Posso avere anch'io il loro darshan?'.

Il santo si scusò per non aver dato al re una degna accoglienza e gli spiegò che, poiché in quella scuola si insegnava la disciplina, gli allievi erano tenuti a seguire rigorosamente il programma giornaliero che comprendeva lo studio, il lavoro, lo svolgimento di rituali religiosi e la *sadhana*. 'Io stesso ero in meditazione', aggiunse.

A questa risposta il re andò su tutte le furie, e gridò: 'Adesso stai anche cercando d'insultarmi?'.

Vedendo che le sue parole lo rendevano più furioso, il *Mahatma* si limitò a restare in silenzio e a rimanere tranquillamente seduto.

Benché indignato, rammentare lo scopo della sua visita aiutò il sovrano a calmarsi. Ricordò infatti che era lì affinché il figlio fosse istruito dal santo. Nonostante la rabbia che provava per essere stato offeso nel suo amor proprio, controllò il suo comportamento: non voleva rovinare la possibilità che il principe ricevesse un'educazione di prim'ordine sotto la guida di quel maestro che in quel Paese godeva della reputazione più alta per la sua saggezza e conoscenza. Cambiò subito atteggiamento, fece mostra di umiltà, si scusò per l'accesso d'ira e chiese al grande maestro di accettare suo figlio come discepolo.

Il *Mahatma*, che era l'incarnazione della pazienza e del perdono, prontamente acconsentì e accettò il principe come suo *sishya*. Una volta completate le formalità, il re si congedò dal santo con un sorriso e l'ego ferito.

Il principe era un allievo brillante e un bravo discepolo. La sua obbedienza, disciplina e devozione per il Guru lo resero il prediletto del maestro. Passarono dodici lunghi anni, durante i quali il santo gli insegnò tutto ciò che sapeva. Il principe acquisì non solo una perfetta conoscenza di tutte le Scritture, ma diventò anche esperto nell'uso delle armi. Nonostante fosse ora un bel ragazzo, rimaneva l'umile e il devoto discepolo di un vero *Mahatma*.

L'istruzione del principe era oramai completa e venne il giorno in cui l'allievo dovette partire dal suo amato e riverito Guru. Con il cuore in gola e gli occhi pieni di lacrime, il principe stava di fronte al grande maestro. Rivolgendosi a lui con umiltà e gratitudine, gli disse: 'Santo e amato maestro, io sono tuo. Tutto ciò che ho ti appartiene. Io non sono nulla dinanzi alla tua gloria. Come potrò mai ripagare tutto il tuo amore e la tua compassione? Questo umile servo attende una tua risposta. Cosa posso offrirti come *Gurudakshina*?'.

Il *Mahatma* accarezzò con affetto l'amato discepolo. Lacrime di gioia gli rigavano il volto mentre rispondeva: 'Figlio mio, figlio mio, la tua obbedienza e umiltà e l'immenso amore che hai avuto per me sono la tua *Gurudakshina*. Hai già fatto l'offerta, figlio mio, l'hai già data'.

Ma con amore il principe insistette dicendo che il santo doveva accettare una *dakshina*: 'Che sia qualsiasi cosa, o venerabile, anche la mia stessa vita. Sono pronto a deporla ai tuoi sacri piedi'.

Abbracciando questo caro allievo, il *Mahatma* gli disse che non voleva nulla in quel momento, ma che glielo avrebbe chiesto a tempo debito. Con il permesso e la benedizione del santo, il principe ritornò a palazzo reale per vivere con i genitori, il re e la regina.

Pieno di rancore, il re aspettava il giorno in cui suo figlio avrebbe terminato gli studi e sarebbe tornato. Non era ancora trascorso un giorno dal suo arrivo quando il sovrano, sempre accecato dal desiderio di vendetta per l'umiliazione subita, inviò i soldati a dar fuoco all'eremo del santo. Il *Mahatma* e gli eremiti furono torturati crudelmente dai soldati e abbandonati nella foresta senza cibo, né vesti, né riparo. Ascoltando il rapporto dei soldati su come avevano eseguito il suo ordine, il re esultò, convinto di aver dato una bella lezione al santo ed avere così pareggiato il conto.

Alcuni giorni dopo, il re annunciò che presto si sarebbe ritirato e che avrebbe lasciato il regno al figlio. Prima di essere incoronato, il principe decise di chiedere il permesso e la benedizione del suo amato maestro perché stava per iniziare per lui una nuova fase della vita. Salito sul suo stallone, si diresse verso l'eremo, completamente ignaro dell'azione spietata del padre. Sceso da cavallo, il giovane si domandò se avesse smarrito il cammino e fosse giunto in qualche altro posto perché il luogo in cui qualche giorno prima sorgeva l'eremo sembrava deserto.

Dopo aver perlustrato la zona per un po', il principe trovò il suo amato maestro seduto sotto un baniano, profondamente assorto in meditazione. Guardandosi attorno, si accorse che l'eremo era stato bruciato di recente. Si mise così ad aspettare che il maestro uscisse dalla meditazione. Quando quest'ultimo aprì infine gli occhi, si prostrò davanti a lui e chiese cosa fosse accaduto all'eremo. 'Niente, figlio mio', replicò il *Mahatma*, 'è stato un incendio boschivo. Non preoccuparti e dimmi cosa ti ha spinto a venire qui'.

Il principe sentì che c'era qualcosa che non andava e implorò ripetutamente il maestro di rivelargli ciò che era veramente accaduto, ma il santo non parlò. Gli altri studenti dell'eremo finirono per cedere e gli rivelarono la verità. Udire la terribile storia fu un vero e proprio choc per il principe. Per un attimo rimase come paralizzato, incapace di muoversi. Quando si riprese, la rabbia gli fece serrare la mascella. La mano destra si mosse automaticamente verso l'impugnatura della spada e in un attimo balzò furioso sul cavallo. 'Vigliacco, sei un uomo morto!', urlò mentre si accingeva a partire.

Come un lampo, il *Mahatma* corse davanti al cavallo, cercando di fermare il principe, furibondo e sordo ad ogni consiglio e avvertimento. Fuori di sé dalla collera, il giovane era deciso a vendicare il torto compiuto dal padre verso il suo maestro. Infine il saggio disse: 'D'accordo, vai pure, ma prima di partire voglio la *Gurudakshina* che mi avevi promesso. La voglio adesso!'

A queste parole il principe scese da cavallo e implorò il suo Guru di chiedere qualsiasi cosa. Con un sorriso, il *Mahatma* rispose: 'Voglio che rinunci alla punizione che stai per dare a tuo padre. Questa è la *Gurudakshina* che voglio da te'. La richiesta lasciò il principe ammutolito: tutto quel che riuscì a fare era contemplare il volto radioso e compassionevole del Maestro. Un attimo dopo scoppiò in lacrime e cadde ai sacri piedi del grande santo".

Amma terminò così la storia. Il modo in cui l'aveva raccontata era talmente vivo e incisivo che aveva creato un'atmosfera satura d'amore divino e di compassione. Profondamente colpiti, i *brahmachari* e le due *brahmacharini* versarono lacrime silenziose perché potevano percepire e sentire in loro la compassione del santo della storia. Seguì un lungo silenzio meditativo. Questa esperienza era così potente e travolgente che per un po' nessuno riuscì a parlare né a muoversi. Era come se l'esperienza di questa compassione avesse gettato su tutti un incantesimo che metteva tutto a tacere.

Passò qualche altro minuto. Infine la voce di Gayatri ruppe il silenzio: "La radice di tapioca è cotta ed è pronta per essere servita". Amma ne distribuì i pezzetti ad ognuno dei suoi figli. Mentre lo faceva, disse: "È molto calda, fate attenzione a non scottarvi la lingua". Dopo aver regalato ai suoi figli un altro meraviglioso ricordo da tenere stretto nel cuore, la Madre uscì dalla capanna.

Venerdì 27 luglio 1984

Nel tardo pomeriggio, verso le cinque e mezza, Amma espresse il desiderio di andare sulla spiaggia assieme agli *ashramiti* e ai visitatori. Dopo parecchi giorni di pioggia e di cielo grigio, i raggi dorati del sole che tramontava aprirono un varco tra le nubi, proprio nel momento in cui il gruppo guidato da Amma giunse sulla battigia. Amma si fermò contemplando il vasto oceano e le onde gigantesche. Come a voler toccare i piedi della Madre Divina, le onde salivano fino al punto in cui lei si trovava e, dopo aver lavato i suoi sacri piedi, si ritraevano e tornavano nell'oceano. Il comportamento di Amma rivelava la sua grandezza. Dondolandosi gentilmente da una parte all'altra, la Madre teneva lo sguardo fisso sull'orizzonte, gli occhi immobili. Benché seduti in meditazione, i devoti e i *brahmachari* non staccavano gli occhi dalla figura ondeggiante di Amma.

Diversi pescherecci erano allineati lungo la costa poiché le piogge torrenziali avevano impedito ai pescatori di gettare le loro reti. "Madre Oceano" non li stava benedicendo con una buona pesca da molto tempo, eccetto quel giorno in cui Amma li aveva aiutati. Gli uomini erano occupati a raccogliere le reti da pesca stese ad asciugare sulla spiaggia.

Sempre dondolandosi, Amma gioiva, rapita, dell'infinito. I suoi capelli scuri e ondulati danzavano nella brezza dell'oceano. Il velo del sari fluttuava nel vento e pareva il lembo di una nuvola bianca del cielo. I movimenti del suo corpo cessarono e lei rimase immobile, gli occhi spalancati: era in estasi.

Il sole iniziò a immergersi lentamente nell'oceano. Più di metà del suo disco fiammeggiante era ancora visibile e i suoi raggi dorati donavano bellezza a tutto l'orizzonte. L'astro del giorno scomparve tuffandosi nelle profondità dell'oceano. Erano quasi le sei e un quarto quando si dispiegò il velo traslucido del crepuscolo. I figli rumorosi dei pescatori, che stavano facendo capriole sulla spiaggia, smisero di giocare e rientrarono nelle loro case, piccole capanne fatte di foglie di palma intrecciate e di canne di bambù. Il rombo costante dell'oceano ispirava un senso di riverente timore che elevava l'animo. Mentre quella giornata soleggiata giungeva al termine, nuvole cariche di pioggia vennero a coprire a poco a poco tutto il cielo, aggiungendo intensità allo spettacolo del crepuscolo.

Amma non si era ancora mossa. Erano passati più di quaranta minuti da quando era giunta sul bagnasciuga. Il suo candido velo fluttuava ancora nella brezza ma, a parte questo, nient'altro si muoveva. Inquieti, Gayatri e *brahmachari* Rao si avvicinarono a lei per assicurarsi che stesse bene. Sensibili agli stati di *samadhi* della Madre, non sapevano bene come comportarsi perché stava per piovere. Già qualcuno teneva un ombrello aperto sulla testa di Amma. Visibilmente commosso dalla bellezza e dall'intensità della scena, *brahmachari* Pai cominciò a cantare alcuni *sloka* composti da Sri Shankaracharya:

> *Non desidero la Liberazione,*
> *poco m'importa della ricchezza o della conoscenza*
> *e non voglio neppure la felicità,*
> *o Dea dal volto splendente come la luna.*
> *Ma T'imploro, Madre,*
> *fa' che trascorra tutta la mia vita a cantare i Tuoi nomi.*
>
> *O Madre dell'universo,*
> *non c'è da meravigliarsi*
> *che Tu sia piena di compassione per me,*
> *perché una madre non abbandona suo figlio*
> *per quanto numerose siano le sue mancanze.*

Superando il suono delle onde dell'oceano, il canto echeggiava nel crepuscolo. Alcuni pescatori uscirono dalle loro capanne per vedere cosa stesse succedendo, ma poiché erano abituati a ciò che accade vicino alla Madre, la maggior parte di loro ritornò nella propria capanna. Tuttavia alcuni rimasero a guardare.

Brahmachari Pai non aveva cantato invano. Il *bhajan* ebbe l'effetto desiderato. Dopo alcuni istanti vi fu un leggero movimento nel corpo di Amma. Prima si mossero le dita della mano destra, poi ci fu il suono caratteristico e familiare che lei emette talvolta quando esce dal *samadhi*. Nel sentirlo, tutti fecero un sospiro di sollievo. Qualche momento più tardi, la Madre era ritornata completamente allo stato di coscienza ordinario.

Erano circa le sette quando Amma e il gruppo rientrarono. Alcuni *brahmachari* che erano rimasti nell'ashram avevano già cominciato a cantare i *bhajan* serali.

Capitolo 8

Lunedì 30 luglio 1984

Era un pomeriggio tranquillo. L'ashram sembrava quasi deserto poiché ognuno era in camera sua a leggere, scrivere oppure sbrigare faccende personali. Brahmachari Balu era seduto nella veranda del tempio e stava parlando con un uomo di mezz'età proveniente dall'est del Kerala. L'uomo, il signor S., stava raccontando a Balu come Amma avesse guarito il suo cancro.

Il signor S. aveva sofferto di un tumore all'intestino per quattro anni. Dal giorno della diagnosi, aveva seguito diverse terapie, allopatiche e ayurvediche. Nonostante tutte le cure e i farmaci, la malattia era progredita. Il dolore all'addome era così atroce che spesso passava la notte insonne. Sebbene il signor S. appartenesse a una famiglia povera, aveva ricevuto buone cure mediche grazie al supporto e all'aiuto economico forniti da amici generosi e dai dottori. I medici avevano fatto del loro meglio, ma l'uomo non era migliorato affatto. Man mano che passava il tempo, le sue condizioni peggioravano. Infine i dottori avevano perso ogni speranza e gli avevano consigliato d'interrompere le cure. Pur contando i giorni che gli restavano da vivere, la sua fede in Dio non era diminuita: il signor S. pregava e recitava i nomi del Divino quasi ogni giorno.

Un giorno, accompagnato dall'unico fratello e dalla moglie, venne da Amma per la prima volta. Durante il *Devi Bhava*, quando Amma gli chiese della sua malattia, il signor S. rispose che era incurabile e la pregò di fare come lei desiderava. Amma prese il *kindi* (piccolo recipiente munito di un lungo becco) e gli diede da bere dell'acqua santa, dopo che lei l'aveva benedetta bevendone un sorso. Gli diede anche dell'altra acqua santa da portare a casa, raccomandandogli di berne un po' ogni giorno.

"Da quel giorno cominciai a sentirmi meglio e molto più rilassato. Il dolore diminuì e in breve tempo sparì completamente. Potevo nutrirmi correttamente e dormire profondamente la notte. Ora sto benissimo. È passato circa un anno e ogni giorno bevo l'acqua santa di Amma. Ne tengo sempre una scorta nella mia stanza della *puja*. Amma mi ha benedetto con una seconda nascita. Questa vita le appartiene".

Il signor S. aveva desiderato che fosse fatta la volontà di Amma, non aveva domandato la guarigione né avanzato richieste. Anche quando Amma l'aveva interrogato sulla malattia, l'uomo non le aveva suggerito nulla, limitandosi a rispondere: "Sia fatta la volontà di Amma". Questa è vera preghiera. Quando preghiamo senza ego, quella è vera preghiera. Occorre mettere da parte l'ego perché la preghiera possa essere autentica. Quella del signor S. lo era e aveva ricevuto una risposta. La vere preghiere ricevono sempre una risposta.

Amma dice: "Una vera preghiera non conterrà mai suggerimenti, istruzioni o richieste. Il devoto sincero dirà, semplicemente: 'Signore, non so cosa sia bene e cosa sia male per me. Io non sono nessuno, non sono nulla. Tu sei onnisciente. So che qualsiasi cosa fai è per il meglio; quindi, fa' come desideri'. Nella vera preghiera vi inchinate, vi affidate completamente al Signore e Gli dichiarate la vostra impotenza".

Mentre il signor S. sedeva nella veranda del tempio aspettando di ricevere il darshan della Madre, lei si trovò a passare di lì. Lui le corse incontro e si prostrò. Amma lo rialzò affettuosamente e chiese notizie sulla sua salute e sulla sua famiglia. L'uomo era al colmo della gioia. Molto emozionato, rispose con slancio: "Amma, come potrebbe esserci il minimo problema quando tu mi guidi interiormente ed esteriormente?".

Abbandonarsi

Dopo aver trascorso alcuni minuti con il signor S., Amma entrò in cucina. Le *brahmacharini* e le devote che vi lavoravano non si aspettavano quella visita improvvisa. Le visite di Amma erano sempre così e le donne erano quasi sicure che, come al solito, sarebbe stata scoperta qualche loro negligenza. Aspettavano timorose mentre lei si guardava attorno. Con loro grande sorpresa, Amma si sedette semplicemente per terra, prese un cetriolo dall'angolo in cui erano conservate le verdure e cominciò a mangiarlo. Dopo aver dato un paio di morsi, lo diede ad una delle devote che lo ricevette con gioia. Le altre provarono senza dubbio una punta d'invidia.

Amma si comporta spesso così quando è circondata da tutti gli *ashramiti* e poi osserva l'espressione del viso e l'atteggiamento mentale di ognuno per vedere se in qualcuno sorgono sentimenti negativi. Se ci sono persone gelose, immediatamente le coglie in fallo.

Sembrava che le devote stessero partecipando a una festa perché quel giorno si vedevano solo volti sorridenti. Tutte erano felici ed entusiaste. Di solito si lamentavano di dover lavorare sempre: avevano abbandonato tutto per essere costantemente in presenza di Amma e invece trascorrevano metà del loro tempo in cucina, a cucinare, sudare e sfacchinare.

Tutte quelle che lavoravano in cucina erano adesso sedute intorno ad Amma, che iniziò a cantare *Radhe Govinda*. Tutte ripeterono in coro la stessa strofa. Circondata da tutte le donne e dalle ragazze, la Madre ricordava Krishna e le *gopi* di Vrindavan. Subito dopo seguì un altro canto: *Ellam ariyunna*.

Ellam ariyunna

Non c'è bisogno di dire nulla
all'onnisciente Krishna.
Camminando accanto a noi,
Lui vede e comprende ogni cosa.

L'Essere primordiale conosce
tutti i nostri pensieri più intimi.
Chi dimentica il Signore
non riuscirà a compiere nulla.

Il Signore primordiale risiede in tutti.
Tutti noi dovremmo adorare con gioia
questa Incarnazione della Verità e della pura Coscienza.

Dopo i *bhajan*, la Madre si sedette al centro del cerchio, ridendo e scherzando. Poi il suo umore cambiò e divenne più serio.

Amma disse: "Amma sa che a volte vi lamentate del carico di lavoro in cucina. Figlie, la spiritualità consiste nel rinunciare con tutto il cuore alla propria felicità per amore degli altri senza provare sentimenti negativi o avere lamentele. Di solito, quando le persone rinunciano a qualcosa si sentono combattute interiormente, cominciano a dubitare e a pensare che forse hanno commesso un errore. Questa non è vera rinuncia. Dopo aver abbandonato qualcosa, se nella mente c'è ancora attaccamento, significa che non avete veramente rinunciato.

Ciò che in realtà bisogna lasciar andare è l'attaccamento all'oggetto. Potete avere l'oggetto e provare gioia… se non ne siete attaccati. Rinunciamo esternamente a qualcosa per essere interiormente liberi dal legame con quell'oggetto. È il distacco che porta pace e felicità. La vera rinuncia e il vero distaco avvengono soltanto quando abbandoniamo tutti i pensieri e i sentimenti che riguardano ciò a cui abbiamo rinunciato.

Amma ha incontrato molta gente che, dopo tanto tempo, si sente ancora triste e frustrata per essersi separata da questo o da quello. Con voce amareggiata tali persone, dopo essersi disfatti di un oggetto, dicono: 'Che pazzo sono stato ad avere dato via quella cosa!' Anche se non la vedono da anni, costoro ne portano ancora il fardello, non se ne sono liberati. Interiormente sono ancora attaccati, legati, e non potranno così godere della gioia della libertà né essere rilassati. Quando avevano ancora l'oggetto non provavano angoscia, bensì erano felici nel pensare che fosse loro. Adesso, invece, vivono nel tormento: 'Non avrei dovuto farlo. Non avrei mai dovuto darlo via', ripetono a se stessi centinaia di volte al giorno.

Rinunciate a un oggetto e siate felici di averlo fatto. Dimenticate che è stato vostro. Anche pensare di aver rinunciato a qualcosa è sbagliato: non abbiate tale sensazione. Siate semplicemente rilassati, a vostro agio. Prendete coscienza che siete liberi, vi siete liberati da quel fardello. L'oggetto era un peso che adesso non c'è più. Solo se riuscite a percepire il fardello dell'essere attaccati agli oggetti potete sperimentare il sollievo o la beatitudine che proviene dal distaco e dalla rinuncia.

Figlie, è vero che avete lasciato i vostri beni e la vostra casa per trascorrere il resto della vita con Amma. Ma li avete davvero abbandonati? Dite ancora: 'Abbiamo abbandonato ogni cosa per essere alla presenza fisica di Amma, ma, proprio come facevamo a casa, lavoriamo ancora in cucina'. Ciò significa che non avete abbandonato nulla perché sembra che siate dispiaciute della vostra decisione. Nutrite ancora il pensiero: 'Abbiamo abbandonato la casa e tutti i nostri beni'. Pensare costantemente in questo modo indica chiaramente che state ancora portando con voi la casa e i suoi utensili.

Figlie, cercate di rilassarvi ed essere a vostro agio rispetto al vostro gesto. Cercate di sentire che vi siete sbarazzate di un grosso peso e adesso rallegratevi del lavoro che svolgete qui perché non lo fate per voi stesse. State servendo tutti coloro che vengono qui. Sono dei devoti di Dio. Voi siete quelle che cucinano per loro, fornendo il cibo che darà loro la forza fisica e mentale per ricordare Dio. State rendendo un grande servizio. Servendo i devoti di Dio, state servendo Dio. Considerate questo lavoro come una *sadhana*".

Una *brahmacharini* chiese: "Si dice che una persona spirituale non dovrebbe aspettarsi neanche una parola di ringraziamento o di gratitudine per il servizio svolto. Amma, cosa significa?".

"Esatto", rispose Amma, "un vero ricercatore spirituale non dovrebbe aspettarsi neanche una parola di apprezzamento. Supponiamo di avere servito qualcuno e di avere svolto un magnifico lavoro. In seguito, la persona per la quale l'abbiamo eseguito viene a vederlo insieme a parenti e amici. Tutti lo trovano stupendo e lo apprezzano, lodano la qualità del nostro lavoro ed esprimono la loro gratitudine con un linguaggio fiorito. Quando questo avviene, quando vi coprono di lodi e di parole di ringraziamento, forse voi farete mostra di umiltà. Potreste persino dire: 'Oh, per amor del cielo, non dite così. Non merito tutte queste lodi: io sono soltanto uno strumento. È Lui, l'Essere Supremo, che compie ogni cosa attraverso di me. Senza la Sua grazia non sono nulla. Per favore, inchinatevi a Lui. Rivolgete a Lui tutte queste lodi. In realtà non sono io, ma Lui che agisce'. Tuttavia queste parole sono superficiali, non scaturiscono dal profondo del vostro cuore. Non siete veramente umili, state soltanto fingendo di esserlo. Vi mostrate umili, ma questa è semplice psicologia: desiderate dare agli altri l'immagine del devoto umile, privo di sentimenti egoistici. In realtà, tutte le lodi e le belle parole che avete ricevuto vi danno alla testa e cominciate a inorgoglirvi. 'Non sono un'anima comune', pensate, 'devo avere qualcosa di speciale; altrimenti, come avrei potuto compiere così bene questo lavoro? Così tante persone lodano me e i miei talenti! Devo proprio essere bravo'. In tal modo, un pensiero dopo l'altro, l'ego si gonfia come un pallone.

Persino una semplice parola di ringraziamento può avere questo effetto: vi entra in testa e vi fa pensare di essere speciale. Come *sadhak*, ci sforziamo duramente di coltivare l'attitudine che noi non siamo nulla e che Dio è tutto. Ma le situazioni appena descritte esercitano su di noi un'influenza molto sottile e, senza neppure esserne consapevoli, rischiamo di rimanere intrappolati da un semplice ringraziamento o da un elogio. Quindi, se desiderate aiutare qualcuno, benissimo, fatelo pure, senza però aspettarvi che gli altri debbano ringraziarvi o lodarvi per ciò che avete fatto.

Ci siamo abituati ad aspettarci qualcosa in cambio del nostro aiuto, una parola di gratitudine o dei complimenti come, ad esempio: 'Hai svolto un magnifico lavoro. Te ne siamo davvero riconoscenti'. Bastano queste parole per rendervi un po' fieri, per darvi la sensazione che davvero avete compiuto qualcosa di meraviglioso. Persino il pensiero: 'L'ho fatto io' è cibo per il vostro ego. Quando l'ego viene nutrito, si sente importante.

Quando facciamo un dono o un'offerta a un tempio, a una chiesa o a un'istituzione spirituale, se siamo schietti, ci accorgiamo che desideriamo che gli altri lo sappiano. Ci aspettiamo un qualche riconoscimento o ringraziamento. Desideriamo che la nostra offerta generosa sia riconosciuta. Vogliamo che qualcuno dichiari apertamente che questo filantropo generoso, di grande cuore, ha operato in modo mirabile e grandioso per il bene della società. Senza ricevere delle lodi, non ci sentiamo soddisfatti.

Un *Mahatma*, un'anima che si era offerta totalmente a Dio, senza più alcuna traccia di ego, lavorava come sacerdote in un tempio. Un giorno, un plurimiliardario donò un'enorme somma di denaro al tempio. Costui non smetteva di raccontare dell'ingente donazione al sacerdote e diceva anche che, persino per un plurimiliardario come lui, l'importo era molto consistente. Questo fatto andò avanti per qualche tempo. Il *Mahatma* rimase in silenzio per un po', ma quando vide che l'uomo continuava a ripetere le stesse cose, chiese: 'D'accordo, signore, cosa vuole? Si aspetta qualcosa? Desidera qualcosa in cambio? Una parola di elogio o di ringraziamento?'. Il magnate replicò: 'Cosa c'è di sbagliato in questo? Mi sembra giusto aspettarmi almeno questo'. Il *Mahatma*, lo guardò e con un sorriso disse: 'Se è così, si riprenda il suo denaro. Non lo vogliamo qui. Dovrebbe essere grato al Signore se accettiamo questa somma. Dovrebbe sentirsi soddisfatto al pensiero di poter restituire almeno una parte della ricchezza che l'Essere Supremo le ha affidato. Dovrebbe ringraziare Dio per averle offerto l'opportunità di servirLo. Se non riesce a farlo, la prego, si riprenda il denaro'.

Figlie, questa dovrebbe essere la nostra attitudine. Chi siamo noi, debitori, per richiedere o aspettarci qualcosa da Lui? Il nostro donare non è altro che un restituire. Non possiamo dare nulla a Dio: possiamo solo restituire ciò che Gli dobbiamo. Chiamiamo questo gesto donare, ma questo è un concetto errato. Per diventare spirituali, per spogliarci dell'ego, che è lo scopo della nostra vita, dovremmo poter essere grati a Dio per ogni cosa. Non lasciate mai che l'io si intrometta. Fate in modo che ci sia soltanto il 'Tu', l'attitudine secondo la quale 'Tu' sei ogni cosa. Non chiedete mai niente, non domandate mai nulla. Lasciate che sia il Signore a decidere cosa dare e cosa non dare.

Figlie, dovreste considerare l'opportunità di lavorare e servire i devoti e i *sadhak* come un dono prezioso accordatovi da Dio per esaurire rapidamente il vostro *prarabdha* o le vostre tendenze accumulate. Cucinare e servire i devoti di Dio non è una piccola cosa, ma una benedizione rara. Voi siete davvero benedette nell'ashram.

A casa vostra, preparavate il cibo solo per vostro marito e i figli, per una piccola famiglia di cinque o sei persone. Non c'è niente di straordinario nel cucinare con amore per la propria famiglia, ma cucinare per gli altri con amore e dedizione è un atto nobile che non mancherà di purificarvi, di elevarvi e di condurvi infine alla meta. Dovreste essere grati a Dio di avervi offerto questa occasione, di avervi scelto per lavorare in cucina. Qualunque sia il compito assegnato – in cucina, nella stalla o nei bagni – fate in modo che quello sia il vostro tempio. Fate del vostro posto di lavoro il luogo di adorazione, quello in cui compiere la vostra *sadhana*. Non maledite il lavoro che vi è stato dato, siate contente, sentitevi benedette e svolgetelo con tutto il cuore".

All'improvviso lo stato d'animo di Amma cambiò. Il grande Maestro che enunciava la Verità suprema con grande forza e autorità incomparabile, era sparito e al suo posto c'era una bimba di due anni, giocherellona e innocente. Amma si sdraiò sul pavimento della cucina, con la testa sulle ginocchia di una donna e i piedi su un'altra e, inaspettatamente, disse: "Dov'è il mio cetriolo? Voglio il mio cetriolo". Ma il cetriolo era finito! In realtà, chi poteva resistere alla tentazione di mangiare il *prasad* di Amma? Qualcuno si precipitò a prenderne un altro da offrirle. Amma guardò il cetriolo, ma poi lo gettò via come una bimba cocciuta e disse: "No, non voglio questo. Voglio il mio cetriolo, quello che stavo mangiando".

Avvinte dall'incantesimo creato dall'atteggiamento infantile di Amma, alcune devote più anziane si comportarono proprio come fa una madre con il proprio figlio e cercarono di persuaderla ad accettare il nuovo cetriolo, senza riuscirci. Elettrizzato, il resto del gruppo si godeva l'intera scena con grande devozione. Amma piagnucolava come una bambina e chiedeva ripetutamente il cetriolo a cui aveva dato alcuni morsi. Non riavendolo, afferrò i capelli della devota che l'aveva mangiato e glieli tirò. In quella posizione, tenendole ancora i capelli, Amma entrò in *samadhi*. Dopo un po' di tempo si alzò e uscì dalla cucina; entrò nel tempio e chiuse la porta. Rimase nel tempio per circa un'ora.

Riferendosi a se stessa, un giorno Amma disse: "A volte c'è bisogno di qualcosa (un oggetto, un desiderio, un pensiero) per mantenere la mente quaggiù, su questo piano fisico, altrimenti, è difficile impedirle di elevarsi rapidamente verso un piano più alto. Quando il corpo esprime un desiderio, lo fa per questo motivo".

L'episodio del cetriolo potrebbe essere stato uno di questi giochi intesi a zavorrare la mente.

Capitolo 9

Tutti i residenti dell'ashram partecipavano alla pulizia su grande scala che era iniziata verso le dieci del mattino. Quando la Madre lavora con il gruppo, è fuori discussione che qualcuno non vi prenda parte. In tali occasioni tutti si sentono pieni di energia perché, in presenza di Amma, è facile provare la gioia dell'azione disinteressata. Lavorare con lei è un'esperienza meravigliosa. Irradiando luce ed energia spirituale, Amma partecipa attivamente a tutte le attività dell'ashram e non manca mai d'ispirare i residenti, qualunque sia il loro compito.

Quel particolare mattino tutti gli *ashramiti* stavano lavorando duramente e recitavano inebriati i nomi del Divino, pieni di entusiasmo e di vigore. Anche Amma li recitava e svolgeva il suo compito con immensa gioia. Tutti insieme cantarono *Adbhuta charite*.

Adbhuta charite

*A Te gli esseri celesti si inchinano
e su di Te si narrano storie meravigliose.
Infondici la forza di provare devozione verso i Tuoi Piedi.*

*Ti offriamo tutte le azioni
che abbiamo compiuto nel buio dell'ignoranza.
Protettrice degli afflitti,*

perdona la nostra impertinenza,
Imperatrice dell'universo.

O Madre, Ti prego, illumina il mio cuore
come il sole che si leva all'alba.
Dammi una mente dalla visione equanime,
priva dell'intelletto che crea le differenze.

O Grande Dea da cui traggono origine tutte le azioni,
buone e cattive,
Tu che spezzi ogni catena,
donami i Tuoi sandali
che preservano le virtù fondamentali
sul sentiero della Liberazione,
essenza di tutti i principi.

Sembrava che Amma fosse dappertutto: la si vedeva in un posto a spazzare, in un altro a portare sabbia e mattoni, in un altro ancora a tagliare legna, oppure a raccogliere rifiuti da qualche altra parte.

Non pensate che il mondo cambi dopo avere conseguito la realizzazione del Sé. Esternamente ogni cosa rimane la stessa. Nessun cambiamento radicale. Gli alberi, le montagne, le valli, i fiumi e i ruscelli, gli uccelli che cantano appollaiati sui rami degli alberi – tutto rimane uguale. Il mondo segue il suo corso. Tuttavia dentro di voi avviene un cambiamento indescrivibile: tutto il vostro essere è trasformato. Vedete le cose in modo diverso, con occhi completamente nuovi. C'è una qualità inspiegabile in voi e nel lavoro che fate. Un flusso di gioia estatica sgorga costantemente dal vostro interno. Proprio come un bimbo innocente, vi meravigliate di ogni cosa che vedete.

Se si osserva attentamente Amma si può notare chiaramente questa qualità. C'è una particolare bellezza in qualunque sua azione e questa bellezza traspare da ogni suo atto, da ogni suo movimento. Pur compiendo lo stesso lavoro degli altri, il modo in cui lo svolge incanta e colma il cuore di gioia. Amma agisce con la contentezza e la meraviglia di un bimbo innocente e questa sua innocenza infantile abbraccia tutti noi. La pienezza dell'amore in cui Amma dimora può essere percepita in ogni suo atto.

Il lavoro era quasi completato. Amma si sedette sulla sabbia e chiese a Gayatri di portare del caffè e qualche *snack* per tutti. Gayatri si diresse verso la cucina. In genere, dopo questo tipo di lavoro di gruppo, alla Madre piace servire una bevanda calda e distribuire del *prasad*, come delle *chips* (rondelle fritte) di banana, da sgranocchiare.

Amma alzò le mani e gridò: "Ehi, Shivane." Poi commentò: "Quel Vecchio' non ha cervello. Non si cura di nulla". Tutti scoppiarono a ridere, felici.

La spiritualità è la vera ricchezza

Cogliendo l'opportunità di poter chiarire una domanda, uno dei residenti chiese: "Amma, ci sono varie definizioni della spiritualità: quiete della mente o stato di silenzio. Si dice che la spiritualità consista nel rinunciare ai desideri e alle azioni motivate da un desiderio, oppure che l'espansione della mente sia vera spiritualità. Esistono questi e tanti altri diversi punti di vista su questo argomento. Amma, qual è la tua opinione?".

Amma rispose: "La spiritualità è tutto ciò che hai menzionato: quiete della mente, uno stato di silenzio. È anche rinuncia o uno stato senza ego. Questa quiete è un'esperienza. Puoi scrivere volumi sulla spiritualità, comporre belle poesie o intonare canti melodiosi su questo tema. Puoi anche parlarne per ore usando un linguaggio elegante, delle bellissime parole. Tuttavia la spiritualità ti rimarrà sempre sconosciuta a meno che tu non faccia l'esperienza interiore della sua bellezza e beatitudine.

Figli, la spiritualità è la vera ricchezza. È la ricchezza interiore che aiuta a rinunciare alle ricchezze esteriori facendoci capire la loro insignificanza. È la ricchezza che aiuta a diventare 'più ricco del più ricco'. È la comprensione che solo Dio, soltanto il Sé, è la vera ricchezza. La spiritualità è il tesoro che ci aiuta ad avere un approccio sano alla vita".

Amma fece una pausa prima di continuare con una storia.

"Un giorno, un uomo che viveva in un villaggio fece un sogno. Il Signore Shiva apparve dinanzi a lui e disse: 'Domattina, appena spunta il sole, va' alla periferia del villaggio. Lì troverai un *sannyasi*. Chiedigli la pietra preziosa che ti renderà ricco per sempre'. Quella notte l'uomo non riuscì a dormire perché pensava continuamente alla pietra preziosa che avrebbe ricevuto. All'alba si diresse rapidamente verso la periferia del villaggio, seguendo le istruzioni date dal Signore Shiva in sogno. Il suo cuore esultò di gioia quando vide che, in effetti, era appena arrivato un *sannyasi*. Il monaco si stava per sedere sotto un albero quando l'abitante del villaggio corse verso di lui e gli chiese: 'Dov'è la pietra, la pietra preziosa? Me la dia!'. Il *sannyasi* lo guardò ed esclamò: 'Cos'hai detto? Una pietra preziosa!'. Senza aggiungere altro, aprì il fagotto che giaceva accanto a lui e tirò fuori una grossa pietra preziosa. Senza esitare, gliela porse.

L'uomo guardò e riguardò ripetutamente la gemma, esterrefatto. In effetti si trattava di un diamante, probabilmente il più grande del mondo. Euforico, con il cuore pieno di speranze e di desideri, ritornò a casa. Anche quella notte, però, non riuscì a chiudere occhio e si rigirò continuamente nel letto. Il mattino dopo, prima dell'alba, ancora una volta si diresse velocemente verso la periferia del villaggio, svegliò il *sannyasi* e disse: 'Sia così gentile da concedermi la ricchezza che le ha permesso di darmi così facilmente questo diamante'.

Figli, una volta conosciuta la vostra natura essenziale, l'universo intero diventa la vostra ricchezza. In quello stato supremo, non avete nulla da perdere né da guadagnare. Avendo abbandonato ogni attaccamento, dimorate per sempre nello stato di supremo distacco. Come il *sannyasi* della storia, potete rinunciare con un sorriso agli oggetti considerati preziosi sentendovi appagati e in pace. La spiritualità è la ricchezza interiore che vi fa sentire pienamente soddisfatti. Forse non avrete nulla che possiate dichiarare vostro, ma questo non vi impedirà di sentirvi soddisfatti e completi. Una volta raggiunto questo stato, non avrete nulla da guadagnare o da perdere. Una volta acquisita interiormente tale ricchezza spirituale, vivrete nella pienezza. Forse esternamente non sarete ricchi, ma interiormente sarete ricchi e completi. Realizzate di essere i signori dell'intero universo. Diventate signori dell'acqua, dell'aria, della terra e dell'etere, del sole, della luna, delle stelle e dello spazio. Tutto, nell'universo, è sotto il vostro controllo. Quindi, figli, cercate di diventare signori, non schiavi.

L'uomo davvero ricco è colui che sa sempre sorridere, anche nelle avversità. Il dolore non può farlo piangere. Costui non ha bisogno di qualcosa di piacevole per gioire, non gli occorrono oggetti o eventi esterni favorevoli per rallegrarsi. La beatitudine è la sua natura. Un uomo con molti beni materiali è un uomo infelice perché, in realtà, non conosce la vera felicità. Da questo punto di vista, costui è un perdente, anche se non ne è consapevole. Ha perso la ricchezza d'inestimabile valore costituita dalla pace e dalla contentezza".

Mentre la Madre parlava, Gayatri arrivò con il caffè e delle *chips* di banana. Mentre distribuiva il *prasad* ai suoi figli, Amma chiese ai *brahmachari* di cantare *Bandhamilla*.

Bandhamilla

Nessuno ci appartiene,
non c'è nulla che possiamo chiamare nostro.
Alla fine dei nostri giorni, solo il vero Sé rimarrà nostro.

Non prendiamo nulla con noi nell'ultimo viaggio.
Perché allora questa follia di acquisire beni terreni?

Ciò che invero esiste si trova dentro di noi.
Per percepirLo, dobbiamo rivolgerci all'interno.

Lì non esiste traccia di dolore,
lì, il vero Sé splende in tutta la Sua gloria.
Passiamo dall'errore alla Verità
quando amiamo e serviamo tutti gli esseri viventi.

Capitolo 10

Necessità della grazia del Guru

Martedì 7 agosto 1984

Nell'angolo sud-occidentale dell'ashram, appena dietro la cisterna dell'acqua, cresceva della canna da zucchero. Nel pomeriggio Amma ne tagliò un gambo e cominciò a mangiarlo. Proprio come un bimbo adora succhiare il succo della canna da zucchero, così anche Amma lo stava gustando deliziata. Alcuni *brahmachari* e una devota del vicinato erano seduti accanto a lei.

Vedendo Amma che sembra apprezzare una specifica pietanza o bevanda, si è naturalmente portati a pensare che abbia una speciale predilezione per quel piatto o per quella bevanda. Sempre desiderosi di farle piacere, in seguito alcuni prepareranno lo stesso cibo oppure ne terranno una piccola quantità a portata di mano, nel caso si presenti l'opportunità di offrirgliene un po'. Ma spesso, quello che la Madre sembra gradire tanto in una certa occasione, in seguito non lo richiede più.

Un giorno la Madre continuava a chiedere con insistenza un certo "miscuglio", un insieme di prodotti da forno fritti. Brahmachari Nealu ne aveva una piccola quantità e gliela diede. Lei prese la scatoletta di latta che le porgeva Nealu, sparse il contenuto sul pavimento di cemento e poi cominciò a mangiare i pezzetti che erano a terra, muovendosi carponi come una bambina. Mentre

213

Nealu e *brahmachari* Balu stavano osservando deliziati la scena, pensarono che Amma ne avrebbe voluti ancora e decisero che sarebbe stata una buona idea tenerne un po' a portata di mano, in modo da poterglieli offrire ogni volta che li avesse chiesti. Così ne comprarono un po' e li tennero da parte per lei, ma rimasero delusi in quanto Amma non chiese mai più il "miscuglio". La Madre chiama questo suo gioco "l'attaccamento perfettamente distaccato per mantenere la mente a terra".

Alcuni devoti, dei *sadhak* sinceri, erano venuti dal Tamil Nadu per visitare l'ashram. Stavano in piedi, a rispettosa distanza, e guardavano Amma mangiare la canna da zucchero. Lei li chiamò a sé. Senza esitare corsero verso di lei, si prostrarono ai suoi piedi e si sedettero. Uno di loro, che l'amava alla follia, desiderava sederle il più vicino possibile. Sebbene fosse quasi sessantenne, in presenza della Madre si comportava come un bimbo di tre anni.

Amma diede un pezzo di canna da zucchero ad ognuno, inclusi i *brahmachari*. Ricevere il *prasad* dalle mani di Amma era sempre un dono speciale, non se ne aveva mai abbastanza. Che fosse della canna da zucchero o una pallina di riso, qualunque cosa si ricevesse rappresentava una benedizione indescrivibile.

"Amma", chiese uno dei devoti tamil, "ho letto che, indipendentemente dal numero degli anni dedicati alla *sadhana*, è impossibile conseguire lo stato di Perfezione senza la grazia di un *Satguru*. È vero?".

"Proprio così", rispose, "Per rimuovere le *vasana* sottili sono necessarie la guida e la grazia del Guru. Anche quando le *vasana* sono state eliminate, la fase finale, il punto in cui il *sadhak* cade o scivola nello stato di Perfezione, non può avvenire senza la grazia di un *Satguru*.

Gli esseri umani sono limitati, incapaci di fare grandi cose da soli. Forse possono procedere fino ad un certo livello senza una guida o un aiuto, ma presto il sentiero diventa complesso e un aiuto è necessario. Il cammino verso la Liberazione è un groviglio di sentieri intricati, un labirinto. Mentre attraversa questo labirinto, l'aspirante spirituale potrebbe non riuscire a capire dove andare o quando cambiare strada.

Si potrebbe anche paragonare il cammino spirituale senza un Guru al navigare da soli nell'oceano, su una piccola imbarcazione che non ha l'equipaggiamento adeguato e priva perfino di una bussola che indichi la direzione.

Ricordate che il sentiero che porta alla realizzazione del Sé è molto stretto. Su di esso, due persone non possono camminare insieme mano nella mano, fianco a fianco, come compagni. Si percorre questo sentiero da soli.

Lungo il cammino una luce ci guida. Questa luce che ci mostra la via è la grazia del Guru. Il Guru cammina davanti a noi, illuminando la strada mentre lentamente e attentamente ci guida. Lui conosce a memoria tutti i sentieri intricati e la luce della sua grazia ci aiuta a scorgere gli ostacoli, a rimuoverli e raggiungere così la meta ultima.

Figli, è solo la compassione a spingere il Guru a scendere fra noi e camminare con noi. Mentre camminiamo lentamente dietro di lui, lo seguiamo alla luce della sua grazia. È la sua grazia che ci protegge e ci salva dal cadere. La grazia del Guru ci aiuta a non smarrirci nel buio di viuzze strette e a non scivolare in trappole pericolose.

A volte il sentiero diventa molto stretto. Se diventa troppo stretto e voi vi allontanate, avete bisogno di un Guru che vi riconduca sul cammino. Altrimenti, lasciati a voi stessi, potreste trovare troppo difficile, quasi impossibile, continuare sulla via giusta. Perfino allora il Guru vi incoraggia, accresce la fede e la fiducia in voi stessi così che possiate continuare a provare. Senza le sue parole incoraggianti e ispiranti e i suoi sguardi d'amore e di compassione, senza la fede e il coraggio che vi ha infuso, forse non avreste neppure tentato. Non potete attraversare la barriera finale unicamente con il vostro sforzo. Il vostro sforzo è un'inezia. Dall'altro lato, dalla riva su cui dimora, il Guru vi tende la mano e vi attira a sé, permettendovi di superare l'ostacolo.

Se non ci fosse, potreste tornare sui vostri passi e allontanarvi dal sentiero per trovarvi, molto probabilmente, di nuovo impantanati nel mondo. Scoraggiati e delusi, potreste persino proclamare al mondo che la spiritualità è priva di realtà, che è solo un mito, un'illusione. Queste e altre idee dannose potrebbero germogliare nella vostra mente.

In realtà, quando il Maestro vi spinge e vi tira verso di sé, non siete spinti e attirati nel vero senso della parola. Non avete questa impressione perché la compassione e l'amore del Maestro vi avvolgono talmente da non farvi percepire la spinta e la trazione. Non avvertite dunque nessuna pressione, nessuno stress né tensione. Ma senza la grazia e la guida del Guru, l'inquietudine e il peso prodotti dalle vostre *vasana* vi farebbero deviare dal sentiero della spiritualità.

Alcuni luoghi sono vasti e pieni di luce, pervasi di una fragranza divina. La vostra mente cercherà di illudervi creando un mondo colorato. Sarete circondati da visioni meravigliose, seducenti e allettanti: musica divina da una parte, danze incantevoli dall'altra. Potreste pensare di essere giunti alla meta e decidere di fermarvi. Non volendo procedere oltre, vi arenerete. Potremmo paragonare tale stato a una 'mini-liberazione', a una sorta d'imitazione di ciò che è la Liberazione. In tale situazione forse penserete di avere conseguito lo scopo, la realizzazione del Sé.

Quando penserete di averla ottenuta, comincerà ad accadere il peggio: lentamente e furtivamente l'ego apparirà. Non lo vedrete apparire né lo riconoscerete, e anche se lo riconosceste, non ci fareste caso, innamorati dell'idea di esservi realizzati. Chiuderete così gli occhi, cercando di non accorgervi di come l'ego vi stia ingannando. Oppure potreste avere la sensazione che 'Così stanno le cose dopo la Realizzazione'. Riprenderete così a godere delle vecchie abitudini e ad indulgere nei vecchi piaceri, di nuovo immersi nel mondo.

Figli, voi non avete nessuna idea di come sarà la vita dopo la Realizzazione perché non siete realizzati. Non conoscete assolutamente nulla di questo stato. State semplicemente supponendo di avere raggiunto la meta, ma tale supposizione è infondata. Un *sadhak* che fa tale affermazione, che sente di essere realizzato, sbaglia perché in quello stato non ci sono sentimenti. Non esiste nemmeno il pensiero: 'Ho raggiunto lo scopo'. Se però provate questa sensazione, sappiate che essa non è che un altro pensiero che ostacola il vostro cammino. Non siete ancora pervenuti allo stato di Perfezione in quanto la Verità è molto oltre. Ma per convincervi di ciò, per mostrarvi la Verità, c'è bisogno della presenza di un *Satguru*. La Sua grazia è assolutamente necessaria.

Il Guru conosce tutto quello che c'è da conoscere. Sa che ciò che vedete e che sentite è puramente illusorio e vi aiuta a diventarne consapevoli affinché non vi lasciate ingannare dall'idea che ciò che percepite è la realtà. Il Maestro vi incoraggia costantemente e vi dà l'ispirazione necessaria per andare avanti, oltre la giungla dell'illusione, finché raggiungete la sponda dell'illuminazione.

Durante il viaggio spirituale, arriva il momento in cui la vostra crescita diventa spontanea. Potreste non sapere che state crescendo interiormente, ma il Guru lo sa. Per raggiungere questo stato di crescita spontanea è indispensabile avere compiuto un grande sforzo personale. È come lanciare un razzo nello spazio: occorrono tantissimi sforzi umani e tanto carburante perché il razzo vinca la forza di gravità della Terra. Una volta superata la forza gravitazionale, il movimento ascensionale diviene automatico e il satellite può entrare nell'orbita di un altro pianeta.

Allo stesso modo, il *sadhak* deve impegnarsi strenuamente prima di pervenire allo stadio di crescita spontanea. Una volta raggiunto, la trasformazione interiore avverrà senza sforzo, anche a sua insaputa. Ma il Guru lo sa perché è lui che ha permesso all'aspirante di approdare a quel regno. È il Guru che ha riversato la grazia su di lui e lo ha portato a compiere il balzo finale.

La spinta finale non può prodursi senza l'aiuto del Maestro. È l'unico che riconosce questa crescita spontanea e sa che lo scopo ultimo verrà presto raggiunto dall'aspirante; sa che la sua grazia sta già fluendo verso il *sadhak* e che ben presto darà frutto. Per il discepolo, questa fase sembra essere un tempo di attesa, perché non è consapevole della trasformazione interiore che sta avvenendo. Ignora che il Guru ha riversato la sua grazia su di lui ed è convinto di vivere un tempo in cui non occorre più compiere coscientemente nessuno sforzo. Il *sadhak* non può fare altro che aspettare. Poi, all'improvviso, avviene il risveglio interiore. A sua insaputa, la grazia accordata dal Guru lo porta alla meta. E questo accade inaspettatamente: la grazia può arrivare in qualsiasi momento, ovunque.

La grazia del *Satguru* è ciò di cui si ha più bisogno. Senza le sue cure amorevoli, il suo sguardo compassionevole e il suo tocco affettuoso, è impossibile arrivare alla meta. Ogni sguardo, ogni carezza piena di compassione sono una manifestazione della sua grazia. Perciò, figli, pregate per ottenerla".

Per i devoti tamil era giunto il momento di partire. Uno ad uno andarono da Amma e si prostrarono. L'uomo folle di devozione per lei cantò una strofa in tamil a gloria della Madre Divina, composta da un poeta di nome Manikkavaachakar:

Hai effuso su di me una grazia non meritata
e reso il corpo e l'anima di questo schiavo
capace di sciogliersi e fondersi nell'amore.

Non ho nulla da darTi in cambio,
o Liberatrice che pervadi il passato, il futuro e tutte le cose!
O Essere primordiale e Infinito.

Dopo aver cantato questa strofa, si prostrò ai piedi della Madre, che espresse in modo diverso il suo amore e la sua sollecitudine a ogni devoto tamil. Nel momento in cui uno di loro stava per toccarle i piedi, lei gli afferrò entrambe le mani e gli disse con tono perentorio: "Dì al tuo insegnante che se pensa che i vecchi concetti della spiritualità dovrebbero essere eliminati, allora non dovrebbe nemmeno studiare le Scritture. Non sono infatti anch'esse vecchi concetti scritti dagli antichi *rishi*? Ricordagli che, chiedendo alle persone di non seguire un Guru, si pone egli stesso come un Guru. Chiedigli inoltre di essere umile. Digli che sta cercando di ascoltare la musica avvicinando lo spartito all'orecchio. È come colui che cerca di fare il bagno o di nuotare nell'immagine di un fiume".

Nel sentire le parole della Madre, il devoto tamil rimase di stucco. La meraviglia era evidente sul suo volto. Amma gli stava sempre tenendo le mani. All'improvviso l'uomo scoppiò in lacrime e mise le mani di Amma sul suo volto. La Madre sorrideva, l'aria birichina. Il devoto rimase in quella posizione per un po' continuando a piangere. Alla fine lei lo consolò dicendo: "Non ti preoccupare, Amma stava solo scherzando. Non prenderla sul serio".

Il devoto alzò allora la testa e disse: "No, no, Tu non stai scherzando, perché dici così? Ora, dopo averti incontrato e aver sentito queste parole dalla tua bocca, come posso credere che tu stia scherzando? Non stai per niente scherzando, hai detto la verità. Lui ha un ego molto grande, ma sono fermamente convinto che ascoltare le tue osservazioni lo renderà più umile". Amma sorrise. C'era un significato nascosto in quel sorriso.

Prima che quest'uomo lasciasse l'ashram, uno dei *brahma-chari*, desideroso di saperne di più sull'accaduto, si avvicinò a lui ed espresse la sua curiosità. Questa è la risposta che ricevette: il devoto tamil aveva un maestro che gli insegnava le Scritture. Quest'uomo era molto colto, pieno di sé e assai orgoglioso della sua capacità d'insegnare la spiritualità attraverso le Scritture. Il suo motto era: "È sufficiente studiare le Scritture. La meditazione, il canto devozionale e le altre pratiche non hanno grande utilità. Sono tutti concetti obsoleti. È giunto il momento di lasciar morire ciò che è vecchio ed acquisire una nuova visione della spiritualità".

Era anche contrario all'idea di seguire un Guru. Quando lo studioso venne a sapere che il suo allievo stava andando in Kerala ad incontrare una grande santa, la sua mente dubbiosa e polemica iniziò a mettersi in moto. Fece chiamare il suo allievo e gli disse: "Ho sentito dire che stai andando in Kerala a ricevere il darshan di una cosiddetta 'grande santa'. Mi è stato anche detto che lei sa tutto, che conosce il passato, il presente e il futuro. Naturalmente non ci credo. Ad ogni modo, supponendo che sia vero, allora che sia lei a provarlo, a dimostrare la sua onniscienza. Che mi dia un segno, un messaggio che la riveli. Se lo farà, anch'io andrò a incontrarla".

Il devoto che studiava con questo uomo, dopo essere rimasto seduto per qualche tempo vicino ad Amma, si sentiva un po' deluso al momento della partenza. Sebbene la sua esperienza personale con lei fosse stata esaltante, Amma non aveva detto una parola e neppure fatto un accenno riguardo al suo insegnante, che aspettava con ansia una prova. All'ultimo momento, quando la Madre aveva finalmente rivelato la sua onniscienza, era sbalordito e grato allo stesso tempo, incapace di controllare le sue emozioni. L'uomo aveva ancora le lacrime agli occhi mentre lasciava l'ashram.

Le osservazioni della Madre colpirono nel segno. Dopo aver ricevuto la prova richiesta, lo studioso venne da Amma. Sebbene lui stesso avesse tantissimi ammiratori e seguaci, divenne un devoto di Amma.

Un avvertimento del Guru

Dopo la partenza di questo devoto, Amma chiamò un *brahmachari* e lo rimproverò per la sua disubbidienza. Uno dei *brahmachari* più anziani gli aveva chiesto di fare un particolare lavoro, ma lui aveva opposto un netto rifiuto. Quando gli era stato chiesto perché, aveva detto: "Non ho tempo. Non c'è altra spiegazione". Il *brahmachari* più anziano aveva riferito il fatto alla Madre ed ora il colpevole veniva rimproverato. Quando si viene sgridati da Amma, si riceve anche qualche buon consiglio. Mentre gli stava parlando e gli indicava i suoi errori, la Madre disse: "Sei molto egocentrico".

In diverse occasione costui si era mostrato assai testardo e polemico. "Allora perché mi hai accettato come *brahmachari* se lo sapevi?", replicò l'uomo.

Piena di compassione, Amma rispose: "Perché Gesù Cristo accettò Giuda come discepolo? Non sapeva che Giuda lo avrebbe tradito e provocato la sua morte? Certo, Gesù lo sapeva perfettamente, ciò nonostante lo accettò come uno dei suoi discepoli e lo amò come amava gli altri.

I grandi santi e i saggi del passato non hanno offerto consapevolmente un'altra chance a coloro che in seguito li avrebbero ingannati? I *Mahatma* sono così, non possono essere altrimenti. Non si fermano a riflettere né si preoccupano se qualcuno li imbroglierà, li amerà o si comporterà egoisticamente. Non si aspettano niente da nessuno. Sono lì, ecco tutto. Chiunque lo desideri, sia disposto ad aprire il suo cuore e ad abbandonarsi, può beneficiare della loro presenza. L'opportunità viene data a tutti. I *Mahatma* non fanno differenze. Non possono farle. Anche chi è un imbroglione o molto egocentrico, se s'abbandona al *Mahatma* anche solo per qualche giorno o per qualche minuto – poco importa la durata – ne trarrà beneficio.

Se in seguito costui si tira indietro, cosa può fare il *Mahatma*? Nulla. Il *Mahatma* è, ecco tutto. Se volete, è disponibile – sempre e ovunque. Se non volete, rimane disponibile per qualcun altro; ma se lo rifiutate non può forzarvi. Questo è qualcosa che non può fare.

Se però vi abbandonerete a lui, fluirà nel vostro cuore come un fiume. Quando il Guru occupa soltanto una piccola parte del vostro cuore, l'altra, la più vasta, è ancora sotto l'influenza dell'ego e affermerà: 'Io sono qualcosa'. Quella piccola parte continua comunque a esserci e ad agire, conserva il suo potere e cercherà di salvarvi. Lo sentirete. Ricordate però che solo una piccola parte è stata colmata, mentre la più grande è priva della presenza del Guru ed è occupata dal senso di "Io sono qualcosa".

Figli, il pericolo sopraggiunge quando trascurate completamente la parte colmata non gettando neppure uno sguardo in quella direzione. Se riuscite a volgere lo sguardo verso la parte in cui è presente il Maestro, c'è speranza per voi, potete ancora essere salvati. Ma l'ego, che ricopre la parte più grande, ve lo impedisce. Il Guru vi avverte, vi prodiga istruzioni e suggerimenti non una volta, ma centinaia di volte. Se però chiudete completamente la porta, se gli sbatte l'uscio in faccia, cosa potrà fare? A questo punto il peso o l'attrazione che esercita l'idea "Io sono qualcosa" prevarrà e vi dominerà. Certo, è molto più facile assecondarla. Muovere nella direzione del Guru richiede qualche sforzo in più, un po' più di coraggio.

I governi e le università offrono eque opportunità agli studenti, ma non tutti le utilizzano allo stesso modo. Potremmo applicare questa analogia anche a quelli che sono attratti dalla spiritualità. Molti sono interessati alla spiritualità, ma solo alcuni 'passeranno l'esame', per così dire. Non è colpa del Guru. Provare interesse non è sufficiente, occorre intensità. Un *Satguru* non sbaglia mai, non può che avere ragione. Siete voi ad avere torto. Siete come uno strumento musicale scordato e il Maestro vuole riparare le corde difettose. Se però protestate, se siete convinti di essere uno strumento perfettamente funzionante, che non c'è nessuna stonatura perché il vostro orecchio non riesce a percepire la dissonanza, cosa può fare il Guru? Affinché lo strumento produca una melodia migliore, bisogna raschiare, strofinare, scrostare e rimuovere alcune sue parti. Dovreste riuscire a sopportare il dolore che questa operazione implica, capendo che l'intento è rendere la vostra vita armoniosa come un concerto musicale.

Amma è folle, ma la sua follia è quella della Verità e del *dharma*. Se qualcuno contrasta la Verità, se non è disposto a correggersi e si ostina ad agire come gli pare e piace, allora si sta allontanando da Amma. Si sta allontanando dalla Verità e dal *dharma*. Ricordate, Amma non si allontana da lui, non può farlo. È lui che con le sue azioni e i suoi pensieri crea un divario tra Amma e lui. Una volta creato, la distanza diverrà sempre maggiore.

Amma non può accettare né respingere nessuno perché l'accettazione e il rifiuto sono possibili soltanto quando c'è l'ego. L'ego può accettare e respingere. Chi si è spogliato dell'ego ha trasceso entrambe le cose. Quindi siete voi ad accettare o a rifiutare. Amma non può. C'è però una cosa che dovreste tenere a mente: la vostra meta è raggiungere lo stato di Perfezione. Si tratta di sapere se lo volete davvero o no. Un giorno 'sì' e l'altro 'no', è fuori questione. Se questa è la vostra attitudine, allora questo non è il posto che fa per voi. Non esiste l'indecisione nella spiritualità. C'è il 'sì' oppure il 'no'. È così. Sentirsi spirituali in alcuni momenti e non spirituali in altri, non è spiritualità. Ciò che Amma vuol dire è che la vostra mente dovrebbe essere centrata su Quello, sulla meta, senza lasciarsi mai distrarre. È pericoloso permettere alle circostanze di distogliere la vostra attenzione. Poiché lo scopo primario della vostra vita è realizzare Dio, dovreste sempre avere *lakshya bodha*: essere sempre consapevoli della meta e aspirare intensamente a raggiungerla.

Immaginate di essere un funzionario. Quando sedete sulla poltrona del vostro ufficio, ogni vostro pensiero dovrebbe essere diretto a come gestire la società: come generare più profitti, risolvere i problemi degli impiegati e creare un buon mercato per i vostri prodotti. Questo è il vostro *dharma* mentre siete al lavoro. In ufficio, ci si aspetta che non pensiate alla famiglia e ai suoi problemi perché quello è il *dharma* che vi attende una volta rientrati a casa. Se durante il lavoro pensate alla vostra casa, non state svolgendo correttamente l'incarico che vi è stato assegnato. E, viceversa, se vi comportate come un dirigente mentre siete con la vostra famiglia invece di essere un marito e un padre, non state compiendo il vostro dovere. Allo stesso modo, quando vivete nell'ashram come *brahmachari* o aspiranti *brahmachari*, ci si aspetta che agiate e pensiate in un certo modo. Se non avete la giusta attitudine, non riuscirete ad adattarvi alla vita di qui e comincerete a sentire la voragine che vi procurerà innumerevoli difficoltà nella vostra vita spirituale.

Amma creerà continuamente circostanze che favoriscono la vostra crescita spirituale. Può perdonare e dimenticare centinaia di volte o più, ma se continuate a dibattervi e a ritrarre le mani da quelle di Amma, non potete poi biasimarla".

Dimenticate il passato

Venerdì 10 agosto 1984

Verso le undici del mattino Amma era seduta sul suo lettino all'aperto, nella parte meridionale dell'ashram, circondata da devoti indiani e occidentali. Un occidentale le fece questa domanda:

"Molte persone dubitano di poter meditare e realizzare Dio perché sentono di avere commesso troppi peccati che li ostacoleranno. Hanno la sensazione che non potranno ricevere la grazia di Dio".

La risposta di Amma fu immediata: "Questi dubbi e queste preoccupazioni sono completamente infondati. Una volta sorti la determinazione e il distacco, il passato viene annullato, perde la sua presa su chi ha deposto ogni cosa ai piedi del Signore. Costui scivola in uno stato di dimenticanza del passato e comincia a vivere nello splendore del presente, in cui non vede che il Signore e la Sua forma incantevole. I sogni paurosi riguardanti il passato svaniscono in un'anima che si è abbandonata a Dio. Tale anima avvertirà certamente la grazia di Dio che costantemente la guida.

Amma vi racconterà ora una storia che mostra come la grazia del Signore sia pienamente disponibile per tutti, perfino per chi ha commesso gravi errori.

Una notte, un noto ladro stava cercando una casa da svaligiare. Mentre camminava furtivo, senza farsi notare, vide sul lato della strada un gruppo di persone che ascoltava un uomo che pareva proprio un cantastorie. Costui stava raccontando i giochi d'infanzia del Signore Krishna, come vengono descritti nello *Srimad Bhagavatam*. La descrizione del piccolo Krishna attirò l'attenzione del ladro. Il narratore stava parlando della bellezza del bimbo: 'Così Yashoda, la madre adottiva di Krishna, dopo aver fatto il bagno al Beniamino di tutta Vrindavan, Colui che attrae tutti i cuori, Lo adornò di gioielli scintillanti. Collane tempestate di diamanti, smeraldi e rubini gli ornavano il collo. Lo splendore del Suo capo era esaltato da una corona d'oro costellata di gemme. I Suoi piedi erano adorni di cavigliere che tintinnavano e accompagnavano il suono melodioso della cintura d'oro ornata di campanellini che gli cingeva la vita. Mentre Yashoda rendeva ancora più incantevole il Bambino con questi ornamenti, il piccolo Krishna scappò via e si nascose per gioco dietro un albero.

Yashoda lo rincorse. 'Kanna, Kanna!', chiamava ripetutamente traboccante d'amore ed affetto".

Nel pronunciare l'ultima frase, Amma si era talmente identificata con la narrazione che cominciò a compiere gli stessi gesti che avrebbe fatto Yashoda. Era come se Krishna fosse proprio davanti a lei. Persino l'espressione del suo volto rivelava quell'amore e quell'affetto che Yashoda aveva per il piccolo Krishna. A questo punto la Madre era così ebbra di puro amore che cessò ogni movimento. Sedeva con le lacrime che scorrevano sulle guance e a volte scoppiava in una risata. Questo stato continuò per un certo tempo. Dopo un po', Amma riprese il suo racconto.

"Mentre ascoltava, al ladro venne improvvisamente un'idea: 'Questo bambino dev'essere figlio di un uomo ricco. Debbo in qualche modo scoprire dove vive. Se riesco a prenderlo, i miei problemi avranno fine. Le pietre preziose e i gioielli d'oro che indossa saranno sufficienti a far vivere bene sia me che la mia famiglia per il resto della nostra vita'. Decise così di aspettare la fine del racconto e la partenza del cantastorie. Appena costui si mosse, il brigante lo seguì a debita distanza finché arrivarono in un posto isolato. Qui il ladro lo assalì e, tenendolo per il collo, lo minacciò dicendo: 'Dimmi dove vive il bambino. Dov'è questo luogo chiamato Vrindavan? Non cercare di farmi qualche scherzo. Dimmi la verità. Indicami come trovare la sua casa, oppure preparati a morire'.

Il cantastorie era così scioccato da non riuscire a parlare. Strattonato e minacciato, alla fine rispose: 'Quella era soltanto una storia. In verità, quel bambino non esiste, il mio racconto è solo frutto dell'immaginazione, non è una storia vera'. Ma il ladro non aveva intenzione di arrendersi facilmente. 'Dì la verità', insistette, 'so che stai mentendo. Come puoi descrivere questo bambino così minuziosamente se non è mai esistito? Apri la bocca, parla, oppure preparati a morire'.

Il cantastorie cercò più volte di convincere il ladro che la sua descrizione era tratta da una storia, che i dettagli con cui aveva illustrato il personaggio servivano solo a nutrire la vivida immaginazione della gente e che era tutto inventato. Però il ladro non aveva dubbi sull'esistenza del piccolo Krishna ed era determinato a trovarlo. Infine il cantastorie pensò a un luogo dove non ci fossero né esseri umani né case, ma soltanto una fitta foresta. Sperando di liberarsi di quella canaglia, disse che Krishna viveva in quel luogo remoto, pensando che in quella foresta il ladro sarebbe diventato preda degli animali feroci. Dopo aver appreso il cammino da seguire, il furfante lasciò libero il cantastorie con un ultimo ammonimento: se non avesse trovato il bambino, sarebbe tornato e l'avrebbe ucciso.

Seguendo le indicazioni ricevute, il brigante si mise a camminare deciso e di buon passo per tre giorni, senza fermarsi né per mangiare né per dormire. Per tutto il tempo pensava a Krishna e alla grande fortuna che stava per essere sua. Sebbene la sua intenzione fosse alquanto singolare – voleva infatti compiere una cattiva azione – la sua mente era interamente concentrata sulla figura mirabile del Signore. Gli occorsero alcuni giorni per giungere a destinazione e quando arrivò nella foresta era completamente esausto ed aveva i piedi sanguinanti, feriti dalle spine e dalle pietre taglienti.

Eppure era sempre pieno di speranza perché il cantastorie gli aveva detto che Krishna sarebbe venuto se qualcuno Lo avesse chiamato. Aveva anche aggiunto che Krishna e i Suoi compagni di giochi erano soliti andare in quella foresta con le loro mucche e che avrebbero giocato mentre il bestiame pascolava. Non vedendo nessuno, il brigante chiamò e chiamò e la sua voce risuonò per tutta la foresta: 'Krishna, Krishna! Dove sei?'. Andando qua e là alla ricerca del bambino, guardò nei cespugli e dietro gli alberi. Si arrampicò persino in cima alle piante per avere una visuale migliore e vedere se Krishna fosse in qualche angolo della foresta. Mentre continuava a perlustrare e a chiamare Krishna, la sua ricerca divenne sempre più intensa e disperata. Infine, per mancanza di cibo e di sonno, crollò a terra, svenuto. Sebbene privo di sensi, continuava a mormorare il nome di Krishna.

Quando tornò in sé, si trovò in grembo a qualcuno. Qualcuno sorreggeva il suo capo e lo accarezzava. Sentì anche una voce dire: "Sei esausto. Guarda, ti ho portato un po' di cibo". Sollevando la testa, rimase stupefatto nel vedere davanti a lui proprio il bambino che stava cercando: Krishna! E lui era adagiato sulle Sue ginocchia. Si strofinò gli occhi, sbatté le palpebre parecchie volte non riuscendo a credere a quello che vedeva. Sì, era proprio Krishna con la piuma di pavone, i capelli inanellati, la corona d'oro e la veste gialla ornata di gioielli preziosi. L'uomo era ammaliato dal Suo incantevole sorriso e dal Suo volto dalla carnagione blu. Lo sguardo fisso su di Lui, non riusciva a distogliere gli occhi dall'espressione gloriosa del volto di Krishna. Mentre il Bambino lo nutriva, lui apriva automaticamente la bocca e ingoiava il cibo. Dimentico di tutto ciò che lo circondava, languiva nella beatitudine.

Krishna lo aiutò a rialzarsi e a mettersi seduto, poi si tolse tutti i gioielli, li avvolse in un fagotto che porse al ladro e disse: 'Prendi, è per te. È per questo che sei venuto, vero? Adesso puoi tornare a casa contento'. Rapito dalla bellezza eterna del Signore, adesso il ladro era diventato un'altra persona e con voce soffocata protestò: 'No, no, non li voglio. Voglio Te. Voglio Te'. Krishna continuava a insistere dicendo: 'Non dovresti tornare a mani vuote. Non devi rimanere deluso dopo una ricerca così lunga. Prendili'. Il ladro rispose: 'Mio caro Krishna, non voglio nulla. Voglio abbracciarTi, voglio restare sulle Tue ginocchia. Voglio contemplare il Tuo volto. Voglio rimanere con Te per sempre. Ti prego, Signore, Ti prego.'".

A questo punto Amma si alzò dal lettino dove sedeva. Tutto il Suo essere era trasformato in un incomprensibile *bhava* divino. Il suo volto irradiava una luce straordinaria. Le dita della mano destra formavano il *chinmudra* (un mudra divino che la Madre mostra durante il *Krishna Bhava*). Un sorriso ammaliante accresceva ulteriormente lo splendore del volto. Qualcuno esclamò che Amma aveva l'esatto aspetto di quando era in *Krishna Bhava*, anche se in quel momento il suo stato aveva qualcosa d'inesprimibile e indescrivibile. Il corpo oscillava con grazia da una parte all'altra, visibilmente percorso da una vibrazione molto forte e costante. Immersi nella devozione suprema, i devoti erano pieni di beatitudine.

Vedendo lo stato divino ed estatico di Amma, i *brahmachari* cantarono *Govardhana Giri*.

Govardhana Giri

O Tu che hai sorretto la collina Govardhana,
giochi nei cuori delle pastorelle,
proteggi Gokula, Ti diletti nei giochi
e produci il dolce suono del flauto.

Hai danzato sulla testa del serpente Kaliya
per scacciare il terrore che costui aveva provocato con il suo
orgoglio.
O Tu che distruggi i desideri e soddisfi le nostre aspirazioni,
Ti prego, non tardare a venire neppure un istante.

I Tuoi grandi occhi ricordano i petali del loto.
Sei Colui che dispensa il frutto
delle azioni che abbiamo accumulato.
Sforzandosi di controllare i sensi,
la mia mente trema come una piuma di pavone.
O Krishna, quando potrò giungere a fondermi con i Tuoi
piedi?

Lentamente Amma ridiscese sul piano della coscienza corporea. Era ancora in piedi, nello stesso *bhava*, in estasi. Con passo traballante si mosse verso il lettino. Ebbra di beatitudine eterna, sembrava non essere in contatto con il suo corpo. Una devota l'aiutò a sedersi. Dopo un po', la Madre riprese lo stato ordinario di coscienza. Uno dei *brahmachari* le ricordò il racconto e lei continuò la narrazione.

"Bene, dov'eravamo arrivati. Ah, sì! Krishna depose il fagotto davanti al ladro e scomparve. Folle d'amore, l'uomo correva qua e là, gridando: 'Krishna, dove sei? Non lasciarmi. Portami con Te. Mio Signore, ritorna, ritorna!'".

Era evidente che la Madre stesse lottando duramente per restare sul piano fisico. Prendendosi delle piccole pause, proseguì.

"Ma Krishna non mostrò più al ladro la Sua forma fisica. Incapace di sopportare il dolore atroce della separazione, costui vagò a lungo nella foresta chiamando Krishna. Passarono i giorni e a un certo punto, disperato, decise d'imboccare la strada del ritorno, portando con cura ed amore il fagotto contenente i gioielli che appartenevano al suo Signore.

Tenendoselo stretto, arrivò alla casa del cantastorie e bussò alla porta. Sbirciando dalla finestra, il cantastorie riconobbe il ladro e si spaventò. Certo che il brigante fosse tornato per 'finirlo' poiché non aveva trovato Krishna, il Bambino di Vrindavan, Colui che ha la carnagione blu, era terrorizzato. Siccome il bussare alla porta continuava, l'uomo tremava sempre più dalla paura. Ma, se avesse ascoltato attentamente, avrebbe sentito il ladro dire con voce flebile: 'Ho visto il Signore, il mio Krishna. Ho visto il mio Signore'. Conoscendo la terribile reputazione del furfante, il cantastorie temette che, se non avesse aperto la porta, costui l'avrebbe comunque sfondata per ucciderlo e così decise di aprirla. Agghiacciato dalla paura, gli occhi chiusi, aspettava di sentire la lama affilata del rasoio tagliargli la gola.

Non accadde nulla. Aprì gli occhi e vide il famoso ladro prostrato completamente ai suoi piedi. Perplesso, esclamò: 'Cosa significa tutto questo? Cosa sta succedendo?'. Il ladro si alzò, depose il fagotto ai piedi del cantastorie e tra le lacrime disse: 'Ho visto il Signore, il mio Krishna. Mi ha dato tutti i Suoi ornamenti, ma io non ne voglio neppure uno. Appartengono a te, sei tu che mi hai ispirato a desiderare ardentemente di vedere il mio Signore. Tu sei il mio Guru. Prendili e benedicimi'.

Nell'ascoltare questa storia che gli sembrava quella di un pazzo, il cantastorie era allibito. Sospettò che il ladro, un grande peccatore, avesse ucciso qualche bambino innocente per impadronirsi dei suoi gioielli. Quando però fece qualche accenno a riguardo, il ladro giurò di avere visto il Signore, che Lui gli aveva posato il capo sul Suo grembo e lo aveva nutrito con le Sue mani. Poi descrisse come Krishna produceva indimenticabili melodie con il Suo flauto. Mentre ascoltava questo racconto, il cantastorie notò lo stato estatico, le lacrime di beatitudine e l'emozione nella voce dell'uomo ed ebbe la sensazione che vi fosse qualcosa di speciale in lui. La sua curiosità si risvegliò e quando aprì il pacchetto rimase basito. Sbatté le palpebre e strofinò gli occhi più volte non riuscendo a credere a ciò che vedeva. Non gli ci volle molto per capire che quelli erano davvero i gioielli di Krishna e che il ladro aveva veramente visto il Signore. Con gli occhi pieni di lacrime e il cuore struggente di desiderio, gridò: 'Krishna! Krishna. I miei peccati sono peggiori di quelli di quest'uomo?' e poi uscì di corsa da casa e scomparve.

Senza mangiare né dormire per parecchi giorni, il cantastorie giunse nel luogo che aveva indicato al ladro. Perse i sensi e si riprese diverse volte. Ogni volta che rinveniva, vagava gridando: 'Krishna, non sono degno di vedere la Tua forma divina? Da trent'anni canto la Tua gloria. Quale merito più alto possiede il ladro, che non sia quello di uccidere e di derubare la gente?'. Queste erano le preghiere e le suppliche del cantastorie. Ma il Signore non apparve davanti a lui. L'uomo era talmente amareggiato che decise di suicidarsi. Per lui, una vita senza la visione del Signore non aveva più senso. Riflettere sull'immensa benedizione che il ladro aveva ottenuto contemplando la forma incantevole del Signore fece scomparire ogni risentimento verso quell'uomo. Il suo ardente desiderio di vedere il Signore rimaneva comunque insoddisfatto. Con il cuore straziato, si tolse il panno che copriva il torace e ne legò un'estremità intorno a un ramo, poi si arrampicò sull'albero e legò l'altra estremità intorno al collo. Mentre stava per saltare nel vuoto, impiccandosi, udì improvvisamente una voce dal cielo che diceva:

'Anche tu Mi sei molto caro. Rassicurati. Sono contento di te, ma non ti rivelerò la Mia forma ora. Ascoltami. Volevi sapere quale merito possedesse il ladro per meritare di avere la visione della Mia forma fisica? Costui aveva una fede incondizionata: credeva che Io esistessi realmente e non fossi invece frutto dell'immaginazione. Nel sentirTi descrivere la Mia forma, credette immediatamente che Io mi fossi incarnato in un corpo. Non aveva nessun dubbio sulla mia esistenza ed era determinato a volerMi vedere. Tale determinazione era così forte da costituire un vero e proprio *tapas*. Poi, appena Mi vide, s'innamorò follemente di Me. Per te, Io facevo invece parte di un racconto immaginario, privo di realtà. Eri persino disposto, per paura, a negare la Mia esistenza. Là dove regna la paura, Io sono assente. La fede esclude la paura. Tu non avevi nessuna fede, mentre il ladro aveva una fede incondizionata nella Mia esistenza e in Me in quanto reale. Tu narravi la Mia storia e cantavi la Mia gloria in modo quasi meccanico, non hai mai sentito lo struggimento di volerMi vedere né la disperazione della separazione. A mezzogiorno in punto volevi pranzare. Alle otto precise volevi cenare e alle dieci di sera andavi subito a letto: tutta la giornata regolata come un orologio.

Il ladro era diverso! Scordandosi tutto, Mi aveva sempre in mente finché non sono apparso davanti a lui. Ora ritieniti soddisfatto di ascoltare la Mia voce. Ti accorderò la benedizione della Mia visione in questa vita, ma prima di allora, vai e diffondi il Mio messaggio con amore e con devozione. Sarà d'aiuto a molti altri ladri, peccatori e miscredenti, trasformerà la loro vita e li porterà a compiere del bene nel mondo'.

Quindi, figli, non pensate al vostro passato tenebroso. Cercate di essere determinati e distaccati. Non importa se siete stati dei ladri o dei grandi peccatori. Il Signore non si cura del vostro passato purché adesso andiate verso di Lui con determinazione e con uno spirito di distacco".

Il meraviglioso tocco guaritore di Amma

Mercoledì 15 agosto 1984

Verso le cinque di sera, una famiglia composta da padre, madre e figlio venne per vedere Amma. Il loro figlio, G., un giovane di circa diciotto anni, corse con gioia verso brahmachari Balu che si trovava vicino alla laguna. Dopo qualche istante il padre e la madre si unirono a loro e tutta la famiglia cominciò a conversare allegramente con Balu. Vedendo la loro contentezza e buon umore, Balu pensò: "Che enorme trasformazione è avvenuta nella loro vita in un anno e mezzo! Quando sono arrivati qui per la prima volta erano tutti e tre così esausti e stanchi della vita. Sembravano dei cadaveri. Ora sono allegri e sorridenti".

In passato questa famiglia aveva un altro figlio. I genitori erano molto soddisfatti della loro famiglia di quattro persone. I due fratelli si amavano immensamente ed erano assai attaccati l'un l'altro. G., il fratello maggiore, aiutava e difendeva sempre J., il fratello minore, anche se quest'ultimo era a volte un po' birichino. L'amore che li univa era straordinario e non litigavano mai. G. aveva quindici anni, J. tredici, ed erano inseparabili. I genitori erano molto compiaciuti e orgogliosi del fatto che i figli si aiutassero a vicenda. Se J. aveva un problema, G. cercava sinceramente, nel suo modo affettuoso e amorevole, di risolverlo. Se J. si ammalava, G. subito gli si sedeva accanto, lo accudiva e gli somministrava le medicine all'ora indicata. Se J. non mangiava, G. si rifiutava di mangiare, e viceversa. Il legame spirituale che li univa era forte e insolito, ma il destino crudele non lasciò che durasse a lungo.

Un giorno, prima che la famiglia incontrasse Amma, il più giovane crollò a terra improvvisamente e morì mentre stava giocando con il fratello. In seguito si scoprì che la causa del suo decesso era stata un'embolia cerebrale. Il ragazzo morì proprio davanti agli occhi di G. Anche se J. fu immediatamente portato in ospedale, non si poté fare nulla per salvarlo. Tutta la famiglia cadde nel più profondo dolore. La morte del caro fratello fu un tale shock per G. che scivolò in uno stato d'incoscienza e rimase per diversi giorni in coma, ricoverato nel reparto di Terapia Intensiva dell'ospedale. I genitori erano molto preoccupati, temendo di perdere anche questo figlio. Finalmente un giorno G. aprì gli occhi e i genitori esultarono, ma fu una felicità di breve durata perché lui non tornò più come prima.

Sebbene fosse vivo, era come un vegetale. Dormiva e mangiava appena. Non parlava mai né sorrideva. Divenne magro come un chiodo, pelle e ossa. Nei due anni che trascorsero dalla morte di J, i genitori provarono di tutto: consultarono i migliori specialisti, tentarono varie terapie e rimedi per cercare di riportare il ragazzo alla normalità. Ma ogni tentativo fallì. G. non mostrava alcun interesse. Scoraggiati, i genitori persero ogni speranza e vissero nella più totale disperazione e frustrazione.

Mentre vivevano in questo stato di dolore e di sconforto, una notte la madre fece un sogno in cui vide una signora vestita di bianco che amorevolmente accarezzava e strofinava la fronte di suo figlio, alleviandone il dolore. La signora era avvolta da una luce divina e il suo sorriso compassionevole era in grado di guarire ogni preoccupazione e ferita del passato. Mentre gli strofinava la fronte, la signora vestita di bianco chiamò il ragazzo con immensa compassione e amore: "Figlio, figlio mio, figlio diletto della Madre, bambino mio. Guarda qui, è tua Madre che ti sta chiamando". Queste parole ebbero un effetto prodigioso su G., che sollevò lo sguardo e guardò il volto radioso della donna, sorridendo per la prima volta dopo due anni. Il volto trasformato, era ritornato alla normalità. La felicità dei genitori non aveva limiti, la madre gridava e piangeva di gioia. Era ancora in questo stato quando suo marito la svegliò. Realizzando che si era trattato solo di un sogno, la donna scoppiò in un pianto irrefrenabile e tra i singhiozzi raccontò il sogno al marito. Nessuno dei due gli dette molta importanza, ma lo stesso sogno continuò a ripresentarsi nelle notti seguenti. Visto che ricorreva ogni notte, sia il marito che la moglie cominciarono a prenderlo in seria considerazione.

Poiché all'epoca Amma non era ancora così nota, i coniugi non riuscirono a scoprire chi fosse la signora in bianco. Un giorno, di ritorno da una visita a dei parenti, andarono in stazione ad aspettare il treno che li avrebbe portati a casa. La madre di G. era seduta accanto a una donna mai incontrata prima. Dopo un po', quest'ultima si rivolse a lei e disse: "Qualcosa dentro di me mi dice che le devo parlare della Madre". La donna era devota di Amma e iniziò a parlare di Amma alla madre di G. Come in trance, le raccontò tutte le esperienze che aveva avuto con Amma. Man mano che raccontava, il volto della madre di G. s'illuminava di gioia, avendo compreso che questa donna si riferiva alla signora in bianco apparsa nei suoi sogni.

Si mise allora a raccontare ciò che la famiglia aveva dovuto passare negli ultimi due anni, le confidò il sogno ricorrente in cui c'era questa donna vestita di bianco e la ricerca fatta da lei e da suo marito per identificarla e trovarla. Entrambi gli sposi furono molto felici di sapere finalmente chi fosse Amma e decisero che sarebbero andati nel suo ashram l'indomani stesso. Mentre salivano sul treno che li avrebbe portati a casa, si chiedevano cosa avesse spinto quella strana donna a parlare loro, senza alcun motivo, della Madre. Se il figlio fosse stato con loro, la signora l'avrebbe visto e forse sarebbe stata spinta a consigliare loro di condurlo da Amma. Ma stavano viaggiando soli, avendo affidato il giovane alle cure di una zia. Alla fine conclusero che le vie del Signore sono incomprensibili per l'intelletto umano.

Tutti e tre – marito, moglie e figlio – arrivarono all'ashram verso le dieci del mattino. Amma era già nella capanna a dare il darshan. Erano appena arrivati e stavano davanti al tempio quando brahmachari Balu gli si avvicinò e disse: "Amma vi sta chiamando. Per favore, venite dentro". Furono colti nuovamente di sorpresa. Chi le aveva detto che erano lì? La famiglia fu portata da Amma.

Sorridendo, la Madre disse loro: "Amma vi stava aspettando, sapeva che sareste venuti oggi". Poi prese le mani del ragazzo e con un sorriso smagliante gli accarezzò e strofinò dolcemente la fronte, dicendogli: "Figlio, figlio mio. Guarda qui, è tua Madre che ti chiama." Nel sentire queste parole, il ragazzo alzò lentamente la testa, fissò il volto radioso e splendente di Amma e sorrise per la prima volta dopo due anni. Il viso trasformato, sembrava essere tornato alla normalità.

La madre del ragazzo, che stava guardando attentamente tutta la scena, scoppiò in un pianto dirotto mentre rideva felice. In silenzio, il padre versava lacrime di gioia. La scena a cui avevano assistito era quella che la madre del ragazzo aveva sognato, notte dopo notte. Non ci sono parole capaci di esprimere la loro felicità. Più tardi, prima di lasciare l'ashram, la donna e suo marito dissero: "Ora sappiamo che si è trattato di uno spettacolo divino orchestrato da Amma. Non ne abbiamo il minimo dubbio".

La salute del ragazzo e il suo stato mentale migliorarono di giorno in giorno e nel giro di due mesi si era completamente ristabilito e aveva ritrovato il suo normale stato di salute.

Mentre la famiglia stava ancora parlando con Balu, Amma scese le scale. Vedendola, tutti e tre si precipitarono da lei gridando: "Amma, Amma!". La Madre esclamò: "Oh, figli, quando siete arrivati?". Si sedette poi sull'ultimo gradino e i tre, dopo essersi prostrati, si radunarono intorno a lei. La compassione che Amma sentiva per loro traspariva dai suoi abbracci e dalle sue carezze amorevoli. Le sue parole pacate, piene di affettuosa sollecitudine, toccarono le corde del loro cuore. La semplicità e i modi informali della Madre li misero a loro agio cosicché tutti ridevano e gioivano con lei. Alla fine G. intonò un canto dedicato ad Amma e i genitori si unirono a lui. Con i cuori colmi di devozione, cantarono *Arikil undenkilum*.

Arikil undenkilum

O Madre, anche se sei vicina
io vago solo, incapace di conoscerTi.
Sebbene abbia gli occhi per vedere,
continuo ancora a cercarTi
incapace di vederTi.

Non sei Tu la splendida luna che brilla
nel cielo blu delle notti d'inverno?
Sono come un'onda
che batte il capo contro la spiaggia,
incapace di raggiungere il cielo.

Quando ho capito la Verità
che tutti gli agi del mondo non hanno alcun valore,
ho versato lacrime giorno e notte,
anelando a conoscere Te.

Oh, non verrai a confortare costui,
così stremato dal peso del dolore?
Desideroso di vederTi arrivare,
rimango perennemente in attesa.

Alla fine del canto tutti e tre si misero a piangere. Mentre Amma asciugava le loro lacrime con le sue stesse mani, un sorriso amorevole e compassionevole irradiava il suo volto. Il padre, la madre e il figlio erano seduti ai suoi piedi. Ognuno riceveva le dolci e ferme carezze di Amma. La scena commovente assieme a questa famiglia sembrava avere la qualità di ciò che è senza tempo.
Lì sedeva la Madre Eterna, maestosa e allo stesso tempo pronta ad accogliere tutti i suoi figli. Sebbene il giorno volgesse al termine, la famigliola gioiva beata perché il sole spirituale, Amma, stava sorgendo nella loro vita.

Glossario

Adharma: ingiustizia, peccato, l'antitesi dell'armonia divina.

Agama: uno dei testi sacri dell'induismo.

Ammachi: Madre. Il suffisso *chi* indica rispetto.

Anuraniyan Mahatomahiyan: descrizione in sanscrito di *Brahman*, la Realtà Suprema. Il significato letterale della frase è: "Più sottile del più sottile, più grande del più grande".

Arati: rito svolto al termine di una *puja* (rito di adorazione). Consiste nel descrivere cerchi con un piatto contenente della canfora ardente al suono di una campanella. Come la canfora, anche l'ego brucia senza lasciare traccia.

Archana: una forma di culto che consiste nel recitare i nomi del Divino cento, trecento o mille volte.

Arjuna: valente arciere. Il terzo dei cinque fratelli Pandava.

Ashram: eremo o dimora di un saggio.

Atma(n): il Sé.

Atma bodha: la conoscenza del Sé o consapevolezza del Sé.

Avadhut(a): anima realizzata che ha trasceso ogni convenzione sociale.

Bhagavad Gita: testo che contiene gli insegnamenti impartiti dal Signore Krishna ad Arjuna poco prima della guerra del Mahabharata. L'opera è una guida pratica per l'uomo comune affinché possa praticare questi insegnamenti nella vita di ogni giorno. La *Bhagavad Gita* è considerata l'essenza della saggezza vedica. *Bhagavad* significa "del Signore" e *Gita* "canto" e, in particolare, consiglio.

Bhagavata(m): opera che tratta le incarnazioni del Signore Vishnu, in particolare del Signore Krishna e delle Sue birichinate infantili, e mette in risalto la supremazia della devozione.

Bhagavati: la dea che possiede sei qualità: prosperità, valore, buon auspicio, coraggio, conoscenza, distacco e sovranità su ogni cosa.

Bhajan: canto devozionale.

Bhakti: devozione.

Bhava: umore, stato d'animo.

Bhava Darshan: darshan in cui la Madre riceve i devoti incarnando lo stato divino della Madre dell'universo.

Bhrantan: colui che ha la natura di un folle, riferendosi alla natura o apparenza di alcune Anime Realizzate.

Brahman: l'Assoluto, il Tutto.

Brahmachari: studente che pratica il controllo dei sensi e segue una disciplina spirituale sotto la guida di un Guru.

Brahmacharya: controllo dei sensi; castità.

Dakshina: onorario in denaro o altro offerto con devozione.

Darshan: essere alla presenza di una divinità o di un santo.

Deva: semidio; essere celeste.

Devi: la Signora dell'universo, la Dea.

Devi Bhava: stato divino in cui dimora la Dea; stato in cui viene espressa l'unità o l'identità con la Dea.

Devi Mahatmyam: antico testo che canta le lodi della Madre Divina.

Dharma: rettitudine, ciò che è in accordo con l'armonia divina.

Dhritharasthra: re cieco, padre dei Kaurava.

Duryodhana: il figlio maggiore di Dhritharasthra, il perfido personaggio della guerra del Mahabharata.

Gita: Canto; vedi *Bhagavad Gita*

Gopa: pastorelli; compagni di Sri Krishna.

Gopi: pastorelle note per la loro devozione suprema a Krishna.

Guru: Maestro spirituale; guida.

Guru Paduka stotram: inno in cinque versi in cui si lodano i sandali del Guru.

Jagat: il mondo sempre mutevole.

Japa: recitazione ripetuta di una formula mistica (*mantra*).

Kamsa: lo zio malvagio ucciso da Krishna.

Kanji: minestra di riso.

Kanna: uno dei nomi di Krishna.

Karma: azione.

Kaurava: i cento figli di Dhritharasthra, nemici dei Pandava, contro i quali combatterono la guerra del Mahabharata.

Kindi: oggetto in ottone dal collo allungato, usato nei rituali per contenere acqua.

Kirtan: inno.

Krishna: incarnazione principale del Signore Vishnu.

Lakshmana: fratello del Signore Rama.

Lakshmi: sposa del Signore Vishnu; dea della prosperità.

Lakshya Bodha: vivere in costante consapevolezza e totale dedizione al fine di raggiungere la meta.

Lalita Sahasranama: i mille nomi della Madre dell'universo nella forma di *Lalitambika*.

Lila: gioco divino.

Mahabharata(m): grandiosa epopea scritta da Vyasa.

Mahatma: Grande Anima.

Mantra: formula sacra. Se recitata ripetutamente, può risvegliare la propria energia spirituale e portare i risultati desiderati.

Maya: illusione.

Mol: figlia, in malayalam. *Mole* è la forma vocativa.

Mon: figlio in malayalam. *Mone* è la forma vocativa.

Mudra: gesto sacro della mano che possiede un significato mistico.

Mukta: colui che ha raggiunto la Liberazione (dal *samsara*, N.d.T.)

Mukti: Liberazione.

Namah Shivaya: il mantra di cinque sillabe (*panchakshara mantra*) che significa "Saluto Colui che è di buon auspicio (Shiva)".

Om: sillaba mistica che rappresenta la Realtà suprema.

Pandava: i cinque figli del re Pandu; gli eroi dell'epopea *Mahabharata*.

Prarabdha: responsabilità o fardelli; il frutto delle azioni passate che si manifesta nella vita presente.

Prasad: offerta consacrata distribuita al termine della *puja*.

Prema: amore profondo.

Puja: rituale di culto.

Rama: eroe dell'epopea *Ramayana*. Rama è un'incarnazione del Signore Vishnu e impersona l'ideale della giustizia.

Ravana: il perfido demone del *Ramayana*.

Rishi: grande saggio o veggente.

Sad-asad-rupa dharini: un nome della Madre Divina: Colei che è sia l'Essere che il Non Essere.

Sadhak: aspirante spirituale che si impegna a raggiungere la meta praticando discipline spirituali (*sadhana*).

Sadhana: pratiche spirituali.

Sahasranama: inno in cui si ripetono i mille nomi di Dio.

Samadhi: stato di assorbimento nel Sé.

Samsara: il mondo della pluralità; il ciclo di nascite e morti.

Samskara: tendenze mentali accumulate nel corso di vite passate.

Sankalpa: risoluzione creativa e completa che si manifesta come pensiero, sentimento o azione. Il *sankalpa* di una persona comune non porta necessariamente il risultato sperato, mentre quello di un saggio produce inevitabilmente il frutto desiderato.

Sannyasi(n): monaco o asceta che ha bruciato tutti i legami mondani.

Satguru: Maestro spirituale realizzato.

Satsang: essere in compagnia di saggi o persone virtuose; discorso spirituale tenuto da un saggio o da uno studioso.

Shakti: l'aspetto dinamico di *Brahman* che simboleggia il principio femminile, la Madre Divina.

Shiva: l'aspetto statico di *Brahman* che simboleggia il principio maschile.

Sishya: discepolo.

Sita: sposa di Rama.

Sloka: verso sanscrito.

Sraddha: fede. Amma impiega questo termine dando particolare importanza a compiere ogni cosa con vigilanza e attenzione amorevole.

Sri Rama: Vedi *Rama. Sree,* o *Sri,* è un prefisso che indica rispetto.

Srimad Bhagavatam: vedi *Bhagavatam. Srimad* significa "propizio".

Stenah: Ladro.

Sutra: aforismo.

Tapas: letteralmente "calore". Austerità, pratiche ascetiche compiute nel cammino spirituale.

Tapasvi: colui che si dedica a svolgere pratiche ascetiche.

Tapovan: eremo; luogo favorevole alla pratica della meditazione e delle austerità.

Tattva: principio.

Upanishad: la sezione conclusiva dei *Veda* che espone la filosofia del non dualismo.

Vasana: tendenza latente.

Veda: letteralmente "conoscenza". I *Veda* sono le Scritture più autorevoli dell'induismo.

Veda Vyasa: vedi *Vyasa*.

Vedanta(m): la filosofia della non dualità in cui si dichiara che la Verità ultima è "l'Uno senza un secondo"; questa filosofia è ampiamente trattata nelle *Upanishad'*.

Vedantin: seguace della filosofia vedantica.

Dharma vedico: norme sul vivere in maniera retta contenute nei *Veda*.

Vidyavidya svarupini: uno dei nomi della Madre Divina, Colei la cui natura è Conoscenza e al tempo stesso il suo contrario: l'ignoranza.

Vishnu: il Signore che pervade ogni cosa. Colui che sostiene ogni cosa.

Vyasa: il saggio che divise i *Veda* in quattro sezioni, scrisse i 18 *Purana*, il *Mahabharata* e il *Bhagavatam*. Poiché aveva diviso in *Veda* in quattro parti, è anche chiamato *Veda Vyasa*.

www.ingramcontent.com/pod-product-compliance
Lightning Source LLC
LaVergne TN
LVHW051547080426
835510LV00020B/2899